高中教学理论与实践应用研究

阳 娟 著

北方联合出版传媒（集团）股份有限公司
万卷出版有限责任公司

图书在版编目（CIP）数据

高中教学理论与实践应用研究 / 阳娟著. -- 沈阳 ：
万卷出版有限责任公司，2023.12
ISBN 978-7-5470-6406-1

Ⅰ. ①高… Ⅱ. ①阳… Ⅲ. ①高中－教学研究 Ⅳ.
①G632.0

中国国家版本馆 CIP 数据核字（2023）第 220346 号

出版发行：北方联合出版传媒（集团）股份有限公司
　　　　　万卷出版有限责任公司
　　　　　（地址：沈阳市和平区十一纬路 29 号　邮编：110003）
印 刷 者：辽宁鼎籍数码科技有限公司
经 销 者：全国新华书店
幅面尺寸：170mm×240mm
字　　数：170 千字
印　　张：12
出版时间：2024 年 1 月第 1 版
印刷时间：2024 年 1 月第 1 次印刷
责任编辑：刘书吟
责任校对：张　莹
装帧设计：马静静
ISBN 978-7-5470-6406-1
定　　价：49.80 元
联系电话：024－23284090
邮购热线：024－23284448

前 言

新课改下的教育的工作重点已经变为强调教育的公平、教育的质量。我国已经逐步迈进高等教育大众化的阶段，高中教育已经成为大众化的教育。高中教育是基础教育阶段中的最高层次，接受普高教育的学生面临升入大学或是步入社会这两种对人生具有重大意义的选择。因此，高中教育应该具有独特的教育价值、全新的教育评价标准，应该把培养每一个高中生的健全人格或公民基本素养作为基本任务，让每一位高中生都走向成功。

教育要满足社会发展及其对人才培养的需求，教育应促进每一位学生的个性发展，因此，增大课程的选择性，是当今世界基础教育课程改革的一个主要潮流，也是我国当前普通高中课程改革的一大亮点。通过普通高中课程结构的改革，创设适合学生的教育，不仅是适应学生个体差异发展的需要，也是我国现代化建设人才培养的必然要求。

本书是关于高中课程教育和教育教学管理研究的著作。随着新课程标准的推行，给高中课程教育管理工作带来了新的任务和挑战，必须创新高中课程建设，创新教育管理工作方法。本书从我国普通高中教育发展的战略定位展开叙述，介绍了高中阶段的课程理论，对高中特色教育理念与课程资源建设进行了分析，然后着重论述了高中校本课程的开发和管理，并且对高中阶段教育管理和新时期高中教育管理模式创新的指导方法与策略进行了简单探索，旨在为新课程标准下高中课程教育研究和教育管理的人员提供参考。

本书在写作过程中，一些同行专家、学者的有关著作、论文扩展了作者的视野，提高了作者的专业认识与水平，并且作者也借鉴了一些研究成果，在此谨致诚挚的谢意。限于作者水平，书中难免有许多不妥之处，恳请同行专家、学者和广大读者惠予批评指正。

目录

第一章　我国普通高中教育的基本定位

第一节　我国普通高中教育的基本战略定位

一、普通高中教育发展战略的方向定位是全面贯彻教育方针

我国普通高中教育发展战略定位，应该从党和国家的教育方针出发。这是我国普通高中教育发展战略的基本立足点、出发点和落脚点。新中国成立以来的经验反复证明，普通高中教育什么时候更加忠实地坚持国家的教育方针，什么时候就能获得更加健康高效的发展，什么时候背离了教育方针，什么时候普通高中教育发展就会出问题，就会引发社会矛盾，就会遭受更多的质疑。

为什么普通高中教育坚持教育方针如此重要呢？这是由教育方针本身的重要性所决定的。那么，究竟什么是教育方针呢？教育方针是国家根据社会发展和人的全面发展需要，在一定历史阶段提出的具有全局性的教育工作的根本指导思想和行动纲领。它是党和国家教育工作发展的总方向，是教育基本政策的总概括。教育方针的制定必须回答为谁培养人、培养什么样的人、怎样培养人的根本问题。教育方针涉及教育发展的战略全局、涉及长远定位、涉及发展的根本原则和根本要求。它体现着国家的教育意志和教育的基本理念，以及全民的教育根本需求。在我们党和国家的教育方针中最关注的是什么？最关注的是两个发展，一个是社会发展，一个是人的发展。这是教育发展战略最基本的问题。教育方针关注社会发展和人的发展问题，归根结底是培养什么样的人的问

题。我们党和国家的教育方针从基本面上规定了培养什么样的人的问题，明确了教育事业的服务方向、人才培养的基本途径、教育的总的培养目标。

包括普通高中教育在内的教育政策，要全面、深刻地体现教育方针，因为教育方针是教育政策制定的根据，只有体现了教育方针的教育政策才是正确的。普通高中教育是我国教育事业和教育体系的有机组成部分，而且是极其重要的组成部分，因此我国普通高中教育发展战略的方向必须定位于全面贯彻党和国家的教育方针。

党和国家的教育方针和据此制定的各项政策，保证了中国教育事业的健康发展。广大教育工作者努力贯彻落实教育方针，培养了大批思想道德和文化科学素质较高的劳动后备军和大批德才兼备的建设人才，造就了一大批活跃在我国社会主义建设各个领域的骨干力量。可以看到，经过中华人民共和国成立以来的艰难探索，中国特色社会主义教育方针日益完善。广大教育工作者更加自觉地贯彻落实教育方针，带来了教育事业的蓬勃发展，极大地提高了全民族的整体素质，为国家现代化建设做出了重大贡献。在新的历史条件下，要正确贯彻和落实教育方针，推动我国教育事业健康和谐发展，必须进一步明确我国教育事业的服务方向、人才培养的总目标和基本途径，自觉把握时代脉搏，体现素质教育。

中华人民共和国的成立开创了中华民族历史的新纪元，也揭开了中国教育事业发展的新篇章。共和国成立之初，为了尽快改变文化教育十分落后的状况，党和政府高度重视教育事业，把改造旧教育、建设新教育作为教育工作的首要任务，顺利完成了从旧教育向新民主主义和社会主义教育的根本转变，确立了党和国家的教育方针，明确了社会主义教育的方向。教育方针的制定和落实，事关国家教育事业的兴衰成败。但是，教育方针是随着时代和实践的变化不断调整的。改革开放以来，社会发展和人的发展，都发生了很大的变化，出现了很多新的情况，因此党和国家的教育方针也随之做出了必要的调整，及时准确地反映了这些新的变化和新的情况。党和国家的教育方针适应时代要求，经历了一个不断发展、不断调整和完善的历史过程，体现了社会主义教育的性质，反映了不同历史时期经济社会发展对教育提出的基本要求。

我国普通高中教育发展战略的方向定位，既要立足于党和国家的教育方针及其时代嬗变的基本精神，体现出正确性、前瞻性、科学性、时代性，又要方向明确，容易实践。当前，面对国际国内的新形势、新要求，党和国家的教育方针的表述也在与时俱进，不断做出新的调整，进行不断的规范化。为此，普通高中教育发展战略的方向定位可以表述为：我国普通高中教育发展要全面贯彻党的教育方针，与中国特色社会主义改革实践相结合，着力于人力资源开发与全民终身学习能力的培养，积极促进全民族综合素质的提高，为培养德、智、体、美等方面全面发展的社会主义事业的建设者和现代公民做准备。

我国普通高中教育发展战略的方向定位作这样的表述，可以更好、更全面、更完整地体现出当今时代教育发展的基本趋势和要求，体现出中国教育之中国特色，体现出我国教育的基本理念，体现出人的发展的基本需求，同时体现出国家意志。具体地说，更好地反映出素质教育的理念和精神，反映出在全球范围内备受关注的全民教育、公民教育、终身教育、创新教育等基本的教育理念。

二、普通高中课程高质量建设的时代审视

（一）基础教育迈入高质量发展阶段的必然选择

《中共中央关于制定国民经济和社会发展第十四个五年规划和二〇三五年远景目标的建议》以“建设高质量教育体系”为总体要求开启了中国教育发展的历史新阶段。在新的历史时期，我国基础教育体系开始从聚焦体量转向聚焦质量，从有质量发展迈向高质量发展。基础教育高质量发展的核心要义在于实现人才培养的高质量，而学校课程则承担着助推高质量人才培养的重大使命。随着课程建设在基础教育中的作用不断显现、地位不断加强，建设高质量课程已经成为我国基础教育高质量

发展的重要内容。要全面贯彻党的教育方针，培养德智体美劳全面发展的社会主义建设者和接班人。站在为党育人、为国育才的战略高度上来看，学校课程是国家意志的直接体现，是落实教育方针和实现育人目标的关键所在，为了培养能够担当民族复兴大任的时代新人，必须确保学校课程从顶层设计到实施评价都符合政策要求，从内容选择到调适创生都体现专业规范，从文本规划到实践转化都坚守儿童立场。质言之，在推动我国基础教育格局整体性变革的进程中，各级各类学校都要立足新的社会现实和发展阶段，致力于建设与社会发展变化紧密联系、与学生成长需要深度契合的高质量学校课程。

（二）新时代深化高中育人方式改革的必由之路

普通高中教育是国民教育体系的重要组成部分，在巩固义务教育发展成果和支持高等教育强劲发展中起着承上启下的关键作用。进入“十四五”时期，普通高中教育踏上了高质量发展的新征程，必须全力贯彻新发展理念，构建新发展格局，营造教育新生态：德智体美劳全面培养体系进一步完善，立德树人落实机制进一步健全，普通高中新课程新教材全面实施，适应学生全面而有个性发展的教育教学改革深入推进。在新的时代，以“新高考”、“新课标”和“新教材”的统筹推进为基本图景，普通高中育人方式的改革引领着课程改革的继续深化，凸显了高中课程高质量建设和有效实施的必要性。从普通高中育人方式改革的过程端出发，学校管理者理应积极主动作为，转变课程观念，激发课程意识，提升课程能力，以学校教育哲学和文化传统为根基，重新审视梳理各类课程的内涵及关系，兼顾横向整合与纵深挖掘，对学校课程进行系统性思考和精细化建设，构建有机统一、优质高效的学校课程体系。从检验普通高中育人成效的结果端出发，学校管理者要注重挖掘课程的多维价值，发挥课程的整体育人功能，促进学生学习的深度参与，将学生发展核心素养的培育和综合素质的培养纳入课程建设的过程之中，尊重学生发展的差异性，关注学生发展的丰富性，重视学生发展的过程性，以高质量课程建设促进学生全面而有个性地成长。

我国普通高中教育发展战略的制度定位，是国家高考制度。也可以说，只有在国家确立了高考制度之后，普通高中教育才在战略上确立了它在我国教育制度体系中的制度地位，从而也才能确立其社会地位。只有在国家恢复了高考制度之后，普通高中教育才在战略上重新获得了其历史地位和社会地位，并逐渐在新时代中国特色社会主义建设的伟大事业中发挥出它应有的重要作用。但是，随着改革开放的深化和社会主义建设事业的发展，我国社会经济、政治、文化和生态文明的发展取得了巨大的成就，获得了崭新的基础，广大人民群众对普通高中教育发展的要求也越来越高，期待越来越迫切，而普通高中教育过去的战略定位所承载的历史使命已经完成，需要在新的时代条件下进一步彰显出其新的社会价值，发挥出符合新的时代要求的作用，就必须重新调整战略定位，在人的健康、全面、和谐发展方面实现更加积极的社会意义。

从我国普通高中教育发展战略定位出发，有必要进一步明确普通高中教育的性质、功能和规模。

第二节　我国普通高中教育的基本性质定位

一、普通高中教育是为受教育者终身发展奠基的高层次基础教育

确定我国普通高中教育发展战略的首要问题，是明确普通高中教育的基本性质定位。实现高中阶段教育的普及，要求我们重新认识普通高中教育的基本性质。显然，精英阶段、大众阶段、普及阶段的普通高中教育在基本性质和任务上发生了不可逆转的变化。重新认识和理解普通高中的基本性质和任务，成为普通高中教育健康发展的重要前提，有助于使普通高中教育发展走向科学化和法制化轨道。

普通高中教育是在九年义务教育基础上进一步提高国民素质、面向大众的基础教育。普通高中教育是基础教育的最高层次，或者说是高层

次的基础教育、非义务阶段的教育。这样定性，一方面，有助于确定普通高中在整个教育体系中的位置，即它既不属于基础性的义务教育，也不属于高层次的专业教育，而是二者的交汇点和衔接口；另一方面，普通高中教育既然被定性为非义务阶段的教育，它就应该具有较强的可选择性，人们可以接受，也可以不接受这种教育。这就是说，普通高中教育不仅仅具有满足人们教育需求的公益性质，还应具有一定的接受人们选择和市场调节的非公益性质，是一种准公益性教育。明确普通高中教育的任务，则至少具有以下三方面的意义：一是有助于进一步建立和完善财政投入保障机制，明确各级政府的办学责任，建立合理的成本分担机制；二是有助于规范普通高中的办学行为，即高中教育必须具有较高的起点和层次，必须体现教育的现代化特色；三是有助于确定普通高中教育的人才培养规格，即它所培养的人应该具有广泛的适应性、较强的可塑性和发展的多样性，为数以亿计的高素质劳动者、数以千万计的专门人才和一大批拔尖人才的培养打好基础。普通高中教育这样定性和定位，有助于调动社会各界办学的积极性，对于弥补高中教育资源的不足、缓解高中升学压力将大有裨益。

普通高中教育具有社会选择性和市场调节性特征。首先，高中教育是一种选择性教育，它必然面临也必须接受社会的选择。这种选择应该是宽口径的，即人们可以选择不同种类的高中教育，各类高中也可以选择各种各样的学生；这种选择还应该是双向的，即学校有权选择学生，学生及家长也有权选择学校，不应有所强迫。其次，未来的高中不能再像过去那样，应该接受市场的优胜劣汰，实行有序的竞争。因此，必须注重办学的效率、效益和质量，效率优先原则应该受到尊重。但普通高中教育不能成为一种完全市场化的行为，必须兼顾公平。高中教育是一种准公益性的教育，必须体现一定的教育公平理念，否则，很多优秀学生就可能因家庭经济困难而无法接受应有的教育，这对个人发展是不公平的，对社会发展也不利。政府要充分发挥引导、规范的作用，以保证教育应有的公平性。

普通高中是高层次的基础教育，应实行坚持属地管理的原则，县级政府应承担办学和管理的主要责任，省市级应加大对本行政区域内高中教育的管理和统筹力度，在管理方面加强指导，在质量方面进行监控。

普通高中教育是联结国家教育链环中初等教育和高等教育的一个中间环节，是国民都能达到适应社会最低水平的基础教育与只有部分人能够获得高等教育机会的专业教育之间的过渡阶段，是教育与就业之间的过渡阶段，也是每个人从童年向成年发展的关键时期，因此它关系到国家的教育公平、教育质量和国家竞争力，在国民社会发展中具有承上启下的作用。

这样一来，我们把我国普通高中教育的基本性质定位，描绘为“国民性中等教育机构”，凸显其普及性，如此，以便于更加符合我国的国情、教育健康和持续发展对普通高中教育的内在需求。同时，普通高中教育作为中等教育的高级部分，它又是义务教育后且与职业技术高中平行的基础教育，其发展所具有的相对独立性则有助于其兼容“中等教育”与“普通教育”的双重性质。为此，我们明确并强调普通高中教育的义务性和普及性的两种价值取向，这就决定了普通高中教育的基本性质是促使实现人之“中成”的教育阶段。

二、普通高中教育是面向受教育者全面生活的普通教育

顾名思义，普通高中教育首先是一种普通教育。普，全面之意。通，通达，通畅，贯通，交通，无阻隔之意，与“专”相对，所谓“通人”泛指学识渊博、贯通古今之士。普通，平常、一般之意。普通教育又称通才教育、博雅教育、文雅教育、自由教育等，是相对于职业教育、专门教育而言，具有综合性、非功利性和自由性或解放性等特点。人的现实生活是全面的，普通教育就是面向人的全面生活的全面教育。

从学理层面考察，普通教育以两个基本假设为支撑。其中一个是关于人性整体性的假设。现实的个人无一不是完整的活生生的有血有肉的生命体，是心与物、灵魂与肉体、理性与非理性的统一，是处在一定社

会关系当中的能动个体，是现实的、站在坚实的呈圆形的地球上呼出和吸入一切自然力的人。整体的人具有物质与精神、生产与消费、创造与享用、学习与表达等多方面的需要，向往一种全面丰富而有诗意的生活，除了职业生活之外，还有业余的闲暇生活、情感生活以及单纯满足好奇心的探险生活。普通教育应当以完满而丰富的教育活动促进和丰富人性的充分展开与整体生成，促进受教育者不仅学会认知，而且要学会做事，学会共同相处，学会自我发展，在日后从事何种职业，扮演任何社会角色时，都首先作为一个健全的“受过教育的人”，过一种正常人的生活，广泛参与并享受生活的各个方面。

普通教育的另一个基本假设是，人类社会除了拥有共同的科学文化知识之外，还有若干经久不变和广泛尊崇的“普世”价值，教育应以传递与弘扬这些基本价值为重要使命。人类长期积累成的一系列共同价值，诸如忠诚、诚实、勇敢、慷慨、勤奋、正义、公正、独立、善良、尊老爱幼、遵纪守法、爱国爱家、助人为乐、自我修养等，都是人类文明中珍贵的共同的大众文化，亦即我们社会内聚所必需的、不容协商的价值观，它能够让尽可能多的人共享，以便防止本已支离破碎的社会进一步地分化。当代社会，新的科技革命创造了极大的物质财富，人们开始追求新的人生意义，许多人片面追求感官快乐，而是非荣辱等若干基本价值观念面临破裂或变异，人们思想活动的独立性、选择性、多变性、差异性明显增强。社会变化迅速，竞争激烈，机遇与风险对人的精神和心理健康既是折磨也是考验。人类在反省中逐步认识到，应对这些变化的基本途径是重建共同价值，开发人类个体的精神潜力。

上述两个基本假设要求：第一，普通高中应对学生进行完整普通的文化教育。最重要的是实施普通文化科学知识的教育，使学生掌握人文科学、社会科学和自然科学的普通知识，具有基本的文化修养和处理社会问题的能力。加强文理渗透与综合，力求所有高中生在文理科上达到基本相同的水平。通过丰富与充实学生的精神生活，帮助青年学生形成初步的积极健康的人生观、价值观，提升其人生价值、意义与品位。第二，普通高中应采取“为人”与“属人”的教育方式。人不是消极接受知识的容器，而是具有主动性的生命体，教育应当注重启发，强化体验，促进交往。人不是训练而成的，特别不是通过突击强化训练而成的，而是通过人类优秀文化的潜移默化“化”成的，是通过个人参与人类社会意识而进行的，这个过程几乎是在发生时就在无意识中开始了，它不断地发展个人的能力，熏染他的意识，形成他的习惯，锻炼他的思想，并激发他的感情和情绪。由于这种不知不觉的教育，个人便渐渐分享人类曾经积累下来的智慧和道德财富，他就成为一个固有文化资本的继承者。世界上最形式的、最专门的教育确实不能离开这个普遍过程。这样的途径包括有意识的与无意识的、自觉的与自发的、正式的与非正式的、正规的与非正规的、系统的与非系统的，是一个基于生活又面向生活的普通而又普遍的过程。

三、普通高中教育承载着培养全人类的多重社会使命

综观我国普通高中教育的存在形态，它不仅担负着为高等学校输送优秀后备人才和培养高质量的新生劳动力的职责，也担负着培养完全人格的人的任务，当然还应包括辐射文化、服务社区、开展交流、发展自身等任务。因此，普通高中教育的任务在客观上存在着一个多重、多样化的任务体系。尽管“升学、就业、全人”是国外部分有代表性国家普通高中教育的三维发展目标，但事实上，“升学”和“就业”在深刻意义上讲并非普通高中的终结性和不可分解性的任务，而是在普通高中辐射文化、服务社区、开展交流、发展自身中培养、提升人的素质基础上完成的任务，应该说是“任务中的任务”。因此，普通高中多重任务体系有着明晰的层次，其中全人的培育居于核心位置，正是它使普通高中成为一种高级中等教育机构而不是升学助考班或就业培训机构，也正是它能够促使普通高中其他任务得以实现；辐射文化、服务社区、开展交流、发展自身是其内在的基本任务；升学、就业则是其外在的直接任务所在。

第三节　我国普通高中教育的基本功能定位

一、普通高中教育为“未完成人”终身发展奠基

普通高中教育从中学教育凸显出来之后，自然而然地承继了“中学教育”的基础教育性质，可以说，“基础性”是普通高中教育的又一天性。基础教育是国家规定的对儿童实施的最低限度的教育，是受教育者发展的根本与起点。社会总是把时代最需要的人的各类品质，必须掌握、不可缺失的基本工具，保证持续发展的必备素养，作为基础教育的核心部分。人类文化中的基础知识、基本技能、基本思想，不但具有“万变不离其宗”的稳定性，而且具有极大的适应性和可迁移性。现代科技发展一日千里，科学技术的综合化和专门化日益增强，但基础知识所论证的基本规律依然是各门学科赖以存在和发展的基础。历史上和现实中大量的发明创造，归根到底都离不开基础知识，否则，无论是科学技术还是社会发展就都会成为空中楼阁。显而易见，加强基础已成了全世界教育改革的共同趋势。

不同社会、不同时代和不同学段对基础的内容和要求有所不同。就当代普通高中教育而言，它的基础性内容似可分为五个层面。知识层面：语文、数学、外语这三门公认的基础学科和各门学科中的基础知识；技能层面：听、说、读、写、算、点（点击）等各学科通用的以及各门学科自身的基本技能、基本能力；方法层面：基本的学习方法、思维方法、获取和利用信息的方法；价值层面：社会准则，积极向上的人生观，社会倡导的创造性和批判精神；习惯层面：良好的生活、学习与交往习惯等。

普通高中教育的基础性，同时体现在基础形成的过程之中。如同高层建筑的基础性工作不在引人注目的墙面涂饰，而在默默无闻的地下，基础教育的着眼处不是外在于受教育者的各种符号和标记，而是力求进

入受教育者内心深处，形成基本素质，使其真正成为“受过教育的人”。它强调实效而不追求形式，强调扎实而不追求精致，强调长效而不追求速成，强调潜移默化式的熏陶、“泰山不拒细壤”式的积累和日复一日的从容积淀，而绝不追求倒计时式的紧张与急迫。基础还意味着巩固性。眼下那种临时突击、为应试而教的东西多属短时记忆，考完即忘；只有内化了的内容，即基于理解与记忆又超越于理解与记忆，影响受教育者的情感、态度与价值观，成为一种文化基因，成为受教育者身心结构的组成部分，成为良好的“习性”时，才是能够抵御时间与遗忘的侵蚀，是学生终身受益的基础。这样形成的基础还能转化为创造性，因为它能举一反三，触类旁通，广泛迁移，生成创造。

基础教育不仅是学校系统教育的基础，从国家视角言之，它是造就数以亿计的高素质劳动者、数以千万计的专门人才和一大批拔尖创新人才的基础；从个人视角言之，它是“人之初”的最为重要的教育环节，是为每个人铺设生命底色并且“增加可教育性”的基础工程。在生理和法律意义上，“成人”有明确的年龄起点，但在教育中，“成人”（“成为人”）则是一个终身的，即与个体生命共始终的过程，因为人永远处于“未完成”状态。人的发展并不限定在某一年龄阶段，它是终身的，它使人不断地变成一个全人。与人的终身发展相适应的是终身教育。由于传统教育是“一次性”的，因而常常导致若干非基础教育本义规定的内容纷纷挤入基础教育，使其不堪重负。我国的终身教育体系已基本形成，至少可从两个方面给基础教育以解放。其一，大胆删除非基础教育本义的内容，使基础教育从过重的内容负担中解放出来，回归本义，专心致志地承担“打基础”的任务，在使受教育者掌握必需的基础知识、基本技能和基础学力的同时，激发继续学习的欲望，坚定继续学习的信念，掌握继续学习的技能技巧，养成终身学习的习惯，成为适应学习化社会要求的终身学习者。其二，使受教育者从过重的成败得失的心理负担中解放出来。对于人的终身发展而言，基础教育非常重要，却不具备“一着不慎，满盘皆输”的决定意义。起步阶段教育失利并不意味着终身教育失败，其欠缺可以在之后的教育环节中获得补偿，这方面的案例古今中外都很常见。以终身教育理念观照，高中教育应予以高度关注的受教育者发展的“可持续性”。

二、普通高中教育是九年义务教育后移进程中的大众教育

在实现这一战略任务的过程中，普通高中的非义务教育色彩将进一步趋于淡化，大众教育性质日益显著。此间的意义并不限于数量变化，它意味着普通高中教育将出现脱胎换骨的变革：今后的普通高中不仅应是人人应该接受的教育，也应是人人能够接受的教育；培养目标、教育内容与教材难度都将有所调整，体现出差别化和一定的弹性，课程改革中将逐步强化大众语文、大众数学、大众物理、大众化学等“大众理念”；教育教学工作将强调应用能力和实践能力的培养，普通高中与中等职业教育的区分不再是高下之分，而是受教育者基于个人特点的不同选择；日常的教育理念将进一步面向全体，激励手段将从以选拔和竞争为主转变为以目标、理想、权利和义务教育为主，重点与非重点的区分将日益淡化并最终消失，等等。

三、普通高中教育是满足升学与就业双重需要的预备教育

中华人民共和国成立后延续了“双重任务”的提法，一度流行的著名口号“一颗红心，两手准备”，就是要求将“双重任务”落实到每一位高中学生身上，使之在结束普通高中教育后能够接受党和国家的挑选，独立地生活与学习。

在终身教育体系已基本建立的今天，高中毕业后的升学和就业不再是“两条道上跑的车”，而是一条能相互交替的人生之途，对每一位高中学生而言，两种预备教育都不可少。

四、普通高中教育是多样化的选择性教育

普通高中学生是迅速成长中的“准成年人”或“初成年人”，精力充沛，思想活跃，求知欲望强烈，是生理、心理发展的转折时期，也是长知识、长身体，形成正确世界观、人生观的关键年段，他们的主体意识特别是独立意识日益觉醒，兴趣、爱好和特长将逐渐显露，对自然、社会和人生问题开始具有自己的见解，开始形成独立人格和独立思考精神，容易对单一的指令性的学习内容、包办代替的教育方式、面面俱到的讲解和喋喋不休的说教产生反感乃至抵制。

以今天的眼光考察，普通高中教育的多样化与选择性的实现，意味着千方百计呵护学生的创造天性，不让其被扼杀在萌芽之中。青年初期是人的主体意识觉醒期，其能动意识和创造能力最敏感也最脆弱。普通高中教育应创设丰富生动的教育生活情境，为学生提供多层次、多种类的发展选择。学生的学习活动不应只限于接受、记忆、模仿和练习，应倡导自主探索、动手实践、合作交流、阅读自学等多种学习方式，激发学生的学习兴趣。发挥学生学习的主动性，使学习过程成为在教师引导下的再创造过程。在此过程中，学校无疑需要提供必要指导，培养学生把发现和发展自己的天赋、选择和规划自己的人生道路与奉献社会的意识结合起来，端正自我发展的根本方向。

五、普通高中多重使命的最终归结是素质教育

普通高中教育的诸多性质是同时具备的，如果归结于一点即是以人为本，以人的素质发展为本。诸多概念或瞩目于前提，或立足于宗旨，或侧重于内容，或着眼于制度，或取义于对象。例如，普通教育性质基于完整人性假设，基础教育性质强调做人的根基与底蕴，普及教育性质要求面向全体学生，多样选择性则是强调受教育者的主动精神。所有这些，与素质教育面向全体、全面发展、终身发展、主动发展的基本理念完全一致。普通高中多重属性之间呈现着相乘而非相加的关系，其多重

性质相互兼容渗透，融为一体；过分强调某一方面并使之与整体分离，就会导致教育方向的偏离与教育质量的下降。换言之，深刻认识与全面体现普通高中的多重性质，在多重关系中保持好一种积极平衡与适度张力，就是较好地实施了素质教育。普通高中教育是整个基础教育中最为敏感的部位，也是实施素质教育难度最大的阶段。随着和谐社会的建设与推进，素质教育的外部环境正逐步优化，一些具有远见卓识的教育者正奋力挣脱内外部枷锁，坚定不移地推进素质教育，全面提升普通高中的教育质量与文化品位。

第二章　高中阶段的课程理论

第一节　普通高中的性质、任务与培养目标

随着我国基础教育课程改革的不断深入，普通高中的课程改革已经来临。作为学校教育制度中的中等教育的高级阶段，普通高中教育是在九年义务教育基础上进一步提高国民素质、面向大众的、与职业技术高中并列的基础教育。这种教育对学生的发展的独立价值在哪里？它承担的任务是什么？应该怎样陈述它的培养目标？这些问题都是课程规划或设计之前必须回答的问题。如果这些问题没有回答或回答不清，普通高中新课程的规划或设计将会失去方向。因此，这些问题对于设计新的普通高中课程改革方案、指导普通高中的发展、提高国民素质有着深刻的理论意义和深远的现实意义。本节试图从普通高中的性质、任务与培养目标这三个方面阐述其独立价值。

一、普通高中的性质，服务“中成”之人

普通高中教育是与高等教育、中等职业技术教育、特殊教育、义务教育相区别的一种教育。众所周知，教育通常可按层次分为初等教育、中等教育和高等教育；也可按类别分为普通教育、职业技术教育、成人教育。世界上不同国家或地区以及同一国家或地区的不同时期在教育分类上虽大致上相同，但在具体所指上却不尽相同。不过，在从层次与类别分类标准的框架内来讨论普通高中教育既是可靠的，也足以说明问题。普通高中教育兼容按层次分的“中等教育”与按类别分的“普通教育”两重性质。

如果把小学、中学与大学对人的发展的价值相对划分为促使学生“小成”、“中成”与“大成”的话，那么，普通高中是促使实现人的“中成”的教育阶段。从教育类别上看，普通高中的普通教育性质，显而易见地区别于旨在培养职业技能技术的职业技术教育和进行继续教育的成人教育，这是没有异议的。从教育层次上看，普通高中既与初等教育和高等教育存在着密切的联系，即初等教育为普通高中奠定了初步的基础，高等教育为普通高中提供了发展的出路，但又与二者存在着质的区别。初等教育培养学生生存所必需的最基础的文化素养（读、写、算），使之达到“小成”；而高等教育通过专门化知识与技能的学习，使学生达到“大成”；普通高中则是介乎两者之间的教育，培育学生超越最基础的文化素养，但又不是专门化的基本素质，使之实现“中成”。小成——中成——大成，体现了由低到高、由浅到深的学校教育价值，是环环相扣、一脉相承的。然而，对于“小成”和“中成”来说，“小成”仅是“中成”的基本前提。由于自近代以来，“小成”之人直接走上社会后的发展空间一直在逐步萎缩，这也是个体和社会要求不断提高受教育程度的原因之一。对于“中成”和“大成”来说，“大成”是在“中成”的坚实基础上来实现的，失去了“中成”的基石，就难以达到“大成”。开展“中成”教育的普通高中既是初等“小成”教育的延续、高等“大成”教育的基石，又是使学生德行、才能、见识、学问、身心等素质基本成型、可以为用的“出口”型教育阶段，因为在现在或将来相当长的一段时间内，“中成”之人是社会所客观需要的。这是产业结构、人力资源结构使然，发达国家的实践更有力地证明了这一点。我们几乎公认，初等教育是基础性的，高等教育是出口性的，由于初等教育仅仅使学生心智、习惯、身心等得到“学步”式培养，尚不能“独立行走”；高等教育则可以说是使学生品格、思维、言行等方面学会“跑步”，在一轮教育循环中它既不会也无必要再充当基础，学生从这里走出了正规教育系统。而普通高中教育实现使人“独立行走”，能够独立行走的普通高中毕业生既可以去学习“跑步”，也可以走出教育系统进入社会，普通高中从而既有初等教育的基础性亦有高等教育的出口性。当然，基础性也好，出口性也罢，它们都是以实现人的“中成”为依托的，舍此便沦为空谈，这便是普通高中存在的独立价值所在。

普通高中的价值既然指向促使实现人之“中成”，就必然面对人的发展与社会发展的矛盾这一永恒的教育主题，即人认识、适应和改造社会的现实力量与社会发展现状及未来趋势的要求之间的矛盾。它主要表现为：在方向上，社会发展的方向总是规定人的发展方向，人的发展方向不得不接受这种规定，但又总是想不同程度地超越某种社会规定。在水平上，社会发展的水平总是制约着人的发展水平，人的发展水平也总是以一定的社会发展水平为基础，但人的发展水平又总在试图超出现有社会发展水平的制约。在可能性上，有时人的发展存在某种可能，而社会发展却暂时不具备这方面的条件；有时社会发展提供了某种人的发展的可能，而人的发展的实际状况又没有与此相应的条件。在规律上，社会发展的规律既可能有利于人的身心发展规律的实现而促进人的发展，也可能违背人的身心发展规律而阻碍人的发展；人的身心发展规律能否得以实现总受到社会客观条件的影响和制约，但又具有自身的相对独立性。社会发展与人的发展之间的矛盾引发了教育史上的“社会本位论”和“个人本位论”两种对立的观点，普通高中教育也不例外。“社会本位论”强调社会需要，主张确定教育目的要从社会出发，认为教育除社会目的之外没有其他任何目的，从而无视人的发展需求。教育并不是把人看作是一个具有活力和能动性的个体，而只不过是造成不同型号工具的一种原材料。“个人本位论”则完全相反，主张确立教育目的应从人出发，认为人生来就有健全的本能和独立的个性，有其自身发展的内在需要。倡导教育要尊重人，重视人的价值，反对社会对人性的束缚、对个性的压抑。这两种理论尽管在一定的历史时期都有其积极合理的一面，但由于它们都强调了一方面、否定了另一方面而失之偏颇。对于我国普通高中来说，人的发展与社会发展的矛盾是属于非对抗性质的，从严格的意义上讲是统一的，教育活动在关注社会对个人个性发展的要求、规范及限定的前提下，实现个人个性沿着社会所需要的方向前进，引导个人形成顺社会的个性，抑制逆社会的个性。

概括地说，普通高中阶段人的发展与社会发展矛盾的解决途径是把人的发展水平提高到社会发展所要求的水平上来。应该承认人的发展和社会发展的矛盾是人类众多实践活动中共同面临的矛盾，也是教育实践活动所面对的基本矛盾。人类在解决这一矛盾的不同实践中尽管可以有不同的切入点，但教育只能着眼于培养人，通过促进人的发展来解决这一矛盾。普通高中正是首先把其所面临的外在性的人的发展水平与社会发展要求之间的矛盾转化为教育的内在矛盾（即教育要求与受教育者发展水平之间的矛盾），进而把对学生来说属于外在性的教育要求与受教育者发展水平之间的矛盾转化为学生自身发展的内在矛盾（即受教育者发展要求与学生现有发展水平之间的矛盾）。对社会来说，它为之造就着符合一定发展要求的人；对人来说，它根据社会发展的要求促进着人的社会化。普通高中在其基本矛盾中的中介地位和解决矛盾时的着眼点，决定了它区别于其他社会机构的质的特点是培养人。由此我们不难进一步推出，普通高中主要是培养人成为“中成”之人，这又正是它有别于其他教育阶段的质的规定性。普通高中教育的根本功能是育人，是促进青年学生身心和谐发展，它的其他社会功能是通过育人这一功能实现的。我们不应该以其他类型和层次教育的需要作为普通高中教育的价值取向，普通高中教育具有它自己独立的、不依附于其他类型和层次的教育的价值。同时，也不应该以直接为地方经济建设服务作为其价值取向，如果这样就会使培育“中成”之人这一本体价值本末倒置。

二、普通高中的任务，以育人统领各项任务

长期以来，人们对普通高中任务比较一致的看法是“升学”与“就业”的双重任务论，国家教育行政部门对此亦有多次的规定。一是我国普通高中规模过大，学生人数过多，只能少数人升学而多数人就业，双重任务是不以人的主观意志为转移的客观要求；二是如果以单一升学任

务替代双重任务，势必导致片面追求升学率；三是一旦变普通高中“双重任务”为“单一升学任务”，就必须大量缩减普通高中而以极具实力的职业高中来替补，但这又是我国国情所不及的。

上述观点虽然反映了我们的现实局面，但并非问题的全面，而仅仅是部分侧面。这样说是基于以下几点：

第一，系统外的不等于是系统内的。普通高中系统外赋予普通高中的任务，不宜“拿来主义”地直接内化。否则，一些普通高中为了完成向高校输送新生的任务，竭力学术化，随意增删课程内容，加大深度、难度，加大作业量，把普通高中变成大学预备教育、应试教育；另一些学校则为了完成向社会输送合格劳动力的任务，又竭力职业化，追求其学生毕业就可以就业，不同程度地削弱职业道德、人生观和价值观等素质的培养。这两种偏向严重阻碍着普通高中学校、学生的正常发展。

第二，存在的不等于是合理的。衡量普通高中“双重任务”是否合理，不光要考虑外部要素，还要考虑普通高中的课程体系是否存有满足双重任务的可能。实际的情况是，为了落实已成定论的双重任务，普通高中、家庭和社会花费了大量人力、财力、物力搞重复教育，为高考落榜生办就业培训班和复习班，导致学生的失落情绪和普通高中的低效益，这足以质疑这种做法的合理性。

第三，部分的不等于整体的。双重任务在实际贯彻执行中被为数不少的普通高中学校将向高校输送合格学生简化成自己的全部任务，导致片面追求升学率的问题，当然其中有社会、家庭、学生期待效应的影响。

从根本上说，普通高中与“任务”相关的种种现象有两个主要根源：一是教育价值取向的偏差，似乎“升学”是实现了人的发展、“就业”是实现了社会发展，其实它们都是围绕着社会发展这一轴心而很少甚至几乎没有真正考虑人的发展这一面；二是混淆了社会对教育的选择功能和教育的育人（本质）功能。高中毕业生在走向上不是升学就是就业，的确是一种自然的走向，也是一种社会选择功能作用的结果，但这不是高中教育本质功能的体现。虽然高中办学质量的好坏、水平的高低，影响其毕业生升学人数的多寡或就业适应性的强弱，但是一所高中有多少学生升学及升入何种高校，有多少学生就业及从事何种职业，这些在更大程度上是由多种社会因素所决定的，而并非一所高中所能决定的。至于新生合格与否，也不是高中随意制定的。因此，向高校输送合格新生很难作为一项任务完全由普通高中来完成，高中仅能向高校提供可供选择的对象。同样，高中毕业生能否就业是由就业单位、劳动人事部门和人才市场供求状况决定的，即使就业训练搞得很好，无就业机会，高中也无能为力。显然，“向社会输送劳动后备力量”的任务单纯要求高中去实现也是困难的。

社会对教育的选择功能与高中的育人功能虽密切相关，但并不是一回事。我们的主张是作为育人的普通高中教育阶段，有着与社会相应的更广泛的使命与任务。如果把普通高中办成“升学教育”或“就业教育”，那么必然急功近利，也就必然不仅不能解决升学与就业的矛盾，反而会使矛盾更加复杂、尖锐或激化。因此，需要重新确认、准确理解普通高中现在的任务。

第一，普通高中客观上存在着一个任务体系。这一体系除包含“升学”和“就业”外，还应包含培养素质、辐射文化、服务社区、开展交流、发展自身等任务。虽然这些任务之间存在着交叉，但并不能以其中某一部分来取代整个任务体系。

第二，普通高中的基本任务是履行其育人职能。有人说普通高中的一系列任务最终体现在“升学”和“就业”上，这是毋庸置疑的，但不能把时空上的终点简单地、不加分析地上升为“任务”问题的核心。升学和就业与其他任务相比的终点位置恰恰说明了它们的外生性、延展性。事实上，升学和就业在深刻意义上并非普通高中的终结性、不可分解性的任务，而是在普通高中辐射文化、服务社区、发展自身中培育、提升人的素质基础上完成的任务，应该说是“任务的任务”。

第三，普通高中的任务是发展变化的。“培育人的素质”这一任务毕竟是抽象的、普遍的，在我国的不同地区、不同时间或不同地区的不同时间会有具体化、特色化的任务形态。

三、培养目标的定位

普通高中培养目标解决的是培养什么样的人，培养这样的人又是为了什么的问题。这些是由其性质和任务决定的，培养什么样的人是普通高中任务的具体化，为什么培养这样的人又是普通高中性质的进一步诠释与解读。当前普通高中除了对其性质和任务做出恰当判断和准确识别外，需要关注一些直接关联的变革。

第一，经济社会的巨大转型。几十年来，以现代科学技术为特征的生产力的迅猛发展，使中国社会发生了巨大变化。我们正处在既面临着农业经济向工业经济转化的严峻挑战，同时又叠加了工业经济向知识经济置换的重大困难，以及加入世界贸易组织带来的民族经济向全球经济过渡的巨大变革的转型期，知识经济社会的科技化、国际化、信息化的程度对每一个将进入社会的人的知识结构、能力素质、人格特征等提出了新的要求，而这仅仅靠初等教育和现在这样的普通高中教育是难以达到的。

第二，普通高中教育对象的明显变化。宏观方面，义务教育的逐步实施和巩固将为高中阶段教育输送更多的新生，普通高中教育会日趋普及，从精英主义教育走向面向大众的教育已经变为现实。微观方面，随着大众化高等教育时代的来临，高中生在考虑社会需要的同时已有条件考虑自身的自由发展、个性的充分展现，他们更倾向于使自己成为德智体美全面发展的完善的人。

第三，教育科学理论的重大突破。首先，是终身教育学说的成熟与被重视，使处于学习化社会中的普通高中教育只是对整个人生发展具有特殊价值的一段教育的观点成为共识，普通高中毕业生是升学还是就业对于他个人而言，不再是人生唯一的决定性选择，他们不再背负以往那样沉重的心理负担。其次，是心理学的研究证明，高中生的差异不仅表现在智能方面，还表现在人格方面，人格不健全同智能缺乏一样不利于人的全面发展。

上述变革说明普通高中教育正面临着远远超出它现有力量的但又是合理的种种需要，如果无视这些需要就等于置自己于一种没必要存在的境地。为此，现代普通高中的培养目标应特别强调以下这些要素。

（一）社会化

普通高中作为促使学生从儿童走向成人的最后准备阶段，使学生个体更好地社会化以参与成人社会的生活是义不容辞的使命。因此，普通高中应促进学生个体在下列四个方面的社会化。一是社会生活知识的社会化。社会生活知识是个体对各种社会活动的认识和参与能力。高中生在成为社会一员的过程中首先要学习最基本的衣食住行等社会生活知识，做到能够基本自理生活。如果再想为社会所接受并成为一个社会需要的人，则还得学习社会交往知识、职业性知识等，完成从“自理生活”到“自谋生活”的社会化。二是行为规范的社会化。行为规范就是社会或特定的群体对其成员的个人行为所给予的规定性，并使个体通过这些规定的约束而形成与他人的和谐关系。高中生的行为规范社会化包括特定社会的基本共同规范，即法制、社会组织的章程、社会公德以及特定范围内的习俗等，努力使自己明了在团体中的地位、扮演好不同的社会角色。三是价值观念的社会化。高中生的价值观念通常具体表现为对美与丑、善与恶、是与非、利与害等的判断，对他们是否遵守社会规范以及选择什么样的生活目标有决定性的影响，应力争内化成为社会接受并符合社会要求的价值观念。四是理想目标的社会化。指高中生能够把那种与整个社会的目标和发展相一致的，又符合自身客观条件和需要的理想视为自己的奋斗目标，并学会如何实现这一目标的策略和方法。

（二）素质化

培养目标上的“工具论”与“本体论”的争论可谓由来已久，并以不同的形式反映在普通高中教育的理论与实践上。前者强调教育必须为国家的政治经济服务，后者则强调教育要开发人的潜能、发展人的个性。由于传统思想的影响，我们一直比较重视普通高中教育的社会功能，也就是比较多地强调它的社会工具价值，而忽视了培育“中成”之人应有素质的本体价值。教育要为社会主义建设服务，此举重视了教育的生产性，从而重视了人在生产中的价值和作用，探讨了人的发展问题，但总的来说，还是比较强调教育的生产斗争工具的方面。而对人的研究、对教育特别是普通高中教育的相对独立特点的研究，还没有真正提到议事日程，只不过把教育主要作为阶级斗争工具转移到主要作为生产斗争工具而已。“素质化”就是从“工具论”与“本体论”的结合上来考虑普通高中的培养目标，以发展人的素质为基点，以全面提高人的社会效能为最终目的，培育普通高中生具有自觉的社会责任感与爱国主义精神，正确的价值判断能力、初步的全球意识与国际视野、终身发展所必备的文化科学知识与技能、批判思维与创新精神、人生规划能力、创业意识与敬业精神以及健全的身体心理素质。培养目标素质化同工具主义和功利主义相反，强调人的发展、人的潜能的发挥、人的能力的培育，体现了人的发展与社会发展的统一、人的自然属性与社会属性的统一。

（三）个性化

素质化的核心，实质上就是培养普通高中学生的个性才能。个性的发展也是人的发展的基本内容，是人心理活动的最本质的方面。个性是指学生个体相对稳定的心理动机、气质、性格、能力等方面心理特征的总和。从个性的倾向性上看，它反映了一定社会的要求，是人的发展和社会发展的辩证统一。在这个意义上，人的个性化也就是人的社会化。普通高中生的个性化是使他们具有积极的人生态度，坚强的毅力，坚定的意志，丰富的情感，浓厚的兴趣，独特的好奇心，强烈的进取、开拓、创造的精神。

简言之，普通高中毕业生应成为一个既有丰富知识、健康体魄、高尚道德，又具有鲜明个性的人。唯有如此，普通高中才能培养出能适应和促进呈现了信息化、现代化、全球化、民主化、多元化等特征的社会发展的“中成”之人。

第二节　高中课程的教学策略

为了更好地实施新的高中课程方案，教师还需要掌握一些具体的、可操作的教学技术。20 世纪 80 年代以来，建构主义者开发的问题设计技术，社会学习理论家提出的自我效能改善策略，认知心理学家提出的认知策略教学原则，分别较好地解决了问题的设计和呈现、学习动机的改善、认知策略的教学等方面的问题。这些技术和策略在实施新的高中课程方案中都值得借鉴。

一、问题设计策略

问题对于学习动机的激发、意义的建构、知识的生成和创新以及应用技能的培养，都具有无可替代的价值。因此，在新的课程方案的要求下，如何设计或引导学生提出高质量的问题，已成为高中教学中极为重要的一个方面。

（一）问题设计的原则

当今的建构主义者认为，教学中的问题设计需要遵循以下 7 条原则：

（1）设计的问题的内容应该适合学生的知识基础，应该以学生已有的知识、技能为起点；

（2）问题应该包含着几条线索，能够激励学生沿着这些线索展开研究；

（3）设计的问题最好与学生的职业发展联系在一起；

（4）在问题情境中提供相关的基本性的概念，以鼓励学生整合这些知识；

（5）应该能够通过鼓励学生生成学习问题和查阅文献，来激发学生自主学习；

（6）问题应该能够引发学生讨论、探寻更多的答案，激发学生对学习内容的兴趣；

（7）问题应该与一项或多项学习目标相对应。

（二）问题设计的方法

建构主义者一般把学生面临的问题分为两类：结构良好的问题和结构不良的问题。前者是指那些目标明确、解决问题所需要的所有信息已得到直接或间接呈现，并且只有一个正确答案的问题，如课堂教学中的大多数学科问题；后者是指目标不明确、解决问题所需要的信息缺乏或者存在几种可能的解决方案的问题，如现实生活情境中的许多实际问题。显然，从促进学生的学习迁移、培养学生的实践能力和创新精神角度看，结构不良的问题更具有价值，因为它与现实生活的关系更为密切，更具有开放性，更能激发学生的探究活动。因此在新课程方案的实施过程中，教师应更多地设计这类问题。

问题的设计还需要考虑对学生的学习过程的支持。根据问题在学习过程中所起的不同作用，我们又可以把它们分为如下五类：

第一，用于引发学习兴趣的问题。这类问题的目的在于引起学生的注意，激发学生的学习兴趣。这些问题一般在教学开始时，以情境的形式出现。设计这类问题时，教师同时要注意把问题的解答与当前要学习的内容紧密结合起来。

第二，用于引导学生深入思考的问题。这类问题一般在教学展开的过程中呈现，目的在于把学生的思维活动引向深入或拓展、加深学生对所学内容的理解。

第三，用于检验所学内容的掌握情况的问题。这类问题一般紧扣当前学习的内容，目的在于检验学生是否牢固掌握当前所学的知识、技能；同时，这些问题的解答对新学习的内容也具有巩固作用。当堂练习题以及课后作业中的问题，多属这种类型。

第四，引导迁移、应用的问题。这类问题已超越学科学习的具体情境，一般以真实的情境为基础，目的是引导学生把当前所学的知识、技能迁移到现实生活中，解决真实的问题，发展学生的实践和实际应用能力。一般在一节课的结尾部分呈现。

第五，用于激发生成、创新的问题。这类问题已不局限于当前学习的内容，它需要学生综合应用新旧知识、技能解答，其答案多属于开放性的，通常也是在一节课的结尾部分呈现。

自我效能感是指个体相信自己有能力完成某种或某类任务，是个体的自信心在某些活动中的具体体现。自我效能感以下列方式影响学生的学习：

第一，影响学生对学习任务的选择。与怀疑自己学习能力的学生相比，那些自我效能感高的学生为自己确定的学习目标更高。

第二，影响学生在某项学习任务上付出的努力。面临着学习困难时，自我效能感高的学生更有可能花费更多的努力去争取成功，而自我效能感低的学生往往较快地放弃学习努力。

第三，影响学生从事某项学习任务时所体验到的紧张和焦虑。自我效能感高的学生从事学习任务时沉着、冷静，更多地关注学习中的问题；而自我效能感低的学生会感到紧张不安，更多地关注自己的情绪反应。

研究表明，自我效能感低下是高中生缺乏内在学习动机的重要原因。为了增强高中生的学习自我效能感，教师可以采取如下一些策略：

第一，为学生提供更多的学习成功的机会。一般说来，当学生成功地完成了一些自认为有一定困难的学习任务后，其自我效能感会随之增强。为了让学生更多地体验到成功，有经验的教育者经常采取三种做法：对某些学生尤其是学困生降低成功的评判标准，在其取得了相对较小的成功时也及时给予鼓励；尽可能地挖掘学生的长处，给学生充分展现自己能力的机会；为学生设置合适的学习目标，或者把长期的、困难的目标分解成具体的、简单的目标，使学生在从事该任务过程中看到自己的每一步进展，更多地体验到学习的进步和成功。

第二，为学生树立合适的学习榜样。一般说来，为学生树立的榜样最好是与之在各方面的情况类似。这是因为，观察到与自己能力相似的同伴成功地完成某些学习任务，会使观察者相信，自己也有能力完成这些任务。比如，假定给一个成绩居中游的学生树立学习榜样，最好把榜样定位在学习一度也居中游而近来学习进步比较明显的学生身上，这样很容易使他相信，既然情况差不多，人家能取得进步，自己也完全有能力取得这样的进步。

第三，言语说服。积极的言语说服在某些时候也可以增强学生的自我效能感。但是，要使言语说服更加有效地增强学生的自我效能感，最好把它与任务指导结合起来，一方面让学生相信自己有更强的能力，另一方面通过指导让他看到更高的能力体现。

第四，对学生的学习进步给予适当的归因反馈。一般来说，对学生的学习进步作能力上的归因，可以让学生逐步确信自己是有学习能力的；对学生的学习进步作努力方面的归因，可以使学生感觉到自己有能力控制自己的进步，进而也会增强其学习的自我效能感。

二、认知策略

认知策略泛指一切有利于增强学习效果的认知程序和方法。调查表明，认知策略的教学在我国高中教学中一直是一个相对薄弱的环节。为了更好地实施新的高中课程方案，认知策略的教学应该是一个重点。

（一）认知策略习得的条件

研究表明，有效的习得认知策略需要如下条件：

（1）具备相应的知识基础。一般来说，个体在某一领域的知识越丰富，越能应用适当的认知策略。

（2）自我效能感。当学生运用学习策略后感到有效，感到自己有能力运用策略来改善自己的学习，他们就会进一步应用一些策略；反之，就不会产生寻求认知策略的愿望。

（3）明确策略的价值和适用的条件。当学生知晓了认知策略为什么有效、在什么条件下有效时，策略学习会更加成功。

（4）变式练习。认知策略必须在各种学习任务和不同的情境中加以练习才能获得。经过练习，个体才能把关于认知策略的执行步骤的知识，转化成自觉地支配自己学习行为的程序。

(5) 自我监控和评价。通过自我监控和评价，学生能够更为清楚地意识到自己的认知策略需要改善的地方，也能够更好地调节自己的策略使用过程。

(6) 训练中有一套外显的操作技术。认知策略通常是内隐的，如果将它外化成一系列操作程序，将有助于学生的学习掌握。

(二) 认知策略的教学策略

研究表明，认知策略的教学有如下策略：

(1) 激发学生学习认知策略的内在动机。在教学过程中，教师要注意通过演示、讲解、讨论，突出认知策略在学习和解决问题中的作用和价值，使学生认识到认知策略对学习具有改善作用；教师还可以让学生比较、评价自己使用策略和不使用策略条件下的学习成绩，从而看到策略应用所带来的好处。

(2) 按照程序性知识的学习规律教学。认知策略本质上是一种程序性知识。在教授认知策略时，不论采取什么形式，教师首先要帮助学生理解所学习的认知策略有哪些操作程序，然后再指导学生进行认知策略的应用练习。练习的初期，教师应给予监督、反馈、纠正，不断提醒学生策略适用的条件；练习的后期，教师的监督、指导应逐渐减少，逐步让学生独立地运用所学的策略。

(3) 在具体情境中教授认知策略。认知策略的学习往往与具体的学习内容结合在一起。研究表明，认知策略一般不宜作为一门独立的课程来教。当认知策略在学科领域的情境中、在实际的学习任务中进行教授时，学生能更好地获得这些策略。

(4) 每次只教少量的策略。由于认知策略需要达到熟练运用才算掌握，而且它往往与具体的学科内容的学习结合在一起，因此在教授认知策略时，每次不宜教得太多。否则，学生可能会局限于肤浅的理解，难以充分练习，也就难以真正熟练地掌握这些策略。

（5）指导学生监控认知策略的使用。在认知策略的教学中，教师应逐步把外部指导内化成学生自己的监控和调节过程。为了做到这一点，教师应该把策略的学习过程向学生解释，让学生制定关于策略学习的目标，以便于他们能够学会监控学习过程和策略的运用。

（6）让学生与同伴一起练习学习策略的运用。在合作学习过程中，学生之间可以相互示范、模仿认知策略的运用，比较各自所运用的策略的优劣，可以获得教师没有讲解过的认知策略。因此，在策略教学的过程中，教师也应该注意采用合作学习的方式，让学生一起讨论策略的使用价值、练习策略的使用方法。

第三节　面向高中学生的课程表编制

随着普通高中课程新方案的颁布以及在实验区的试验，怎样编制一张面向高中学生的课程表是已经摆在我们面前的现实问题。一张新的课程表既是新课程的一种产物，也是新课程面向学生的一种标志。它是理想课程变成现实课程的中介，可以集中体现新课程的理念，充分体现为学生发展服务的教育哲学。如果学校没有能力为高中学生编制一张合适的课程表，那么众多的现代课程理念，如以学生发展为本、为每个学生设计课程、课程要从学生的兴趣与经验出发、课程应体现选择性等，都将成为无法变成现实的课程口号。因此，探讨学校怎样为高中学生编制一张合适的课程表，则是新课程的一个重大课题。

课程表编排是我国普通高中课程改革的一个重要课题，然而我们在理论上对此的研究非常薄弱，实践探索也极少。怎样使我们的课程表从“面向管理者（或教师）”走向“面向高中学生”，还有许多问题需要研究。

一、课程表编制的原则

课程表编制得好，能使学生负担均衡，保持旺盛的精力，提高学习的兴趣与水平；能使教师有充分的时间把课备好，从而提高教学水平。总之，编制课程表是学校教学管理的一项重要内容，它对组织和安排教学活动，稳定教学秩序，保证实施教育计划和教学大纲和提高人才培养质量，都起着十分重要的作用。

如何编制课程表？编制课程表应遵循什么原则？根据多年来的排课实践，我们总结出如下原则：

第一，课程表的编排要按照教育计划的要求执行，不允许随意增加或减少课程及学时。

第二，课程安排要轻重搭配得当。主要课程尽可能不安排在同一天，使学生的学习负担趋于均衡，学生始终保持浓厚的学习兴趣。

第三，每门课程相隔要适宜。这样既能使教师有时间备课，又可使学生有时间复习和预习。

第四，一个教师兼上几门课的要注意错开，最好不要上完一个班马上接着上另一个班的课，让老师有一定的备课和休息时间。

二、延长一课时的长度或采用课段的编排方式

我国普通高中的课时长度一般为40分钟或45分钟，而且整个学年甚至高中阶段都一样，这是一种以时间为中心编排课程的理念，是时间控制人，而不是人支配时间。它的问题表现在：学生的一切学习活动都受时间的约束；在课堂上的所有学习内容都根据时间来剪裁；师生无法进行跨课时的、复杂的学习活动，如课堂讨论、科学实验、美术创作、舞蹈演练等；由于每节课课时短，课时数多，导致学习中断次数（打铃）过多，影响校园的宁静与学习的心境；课程过于分散；等等。因此，根据各国在作息时间或课程表编排上的探索经验，建议有必要延长一课时的时间长度，或采用通用的课段编排的方式，这样做至少有如下好处：

（1）减少课间的休息次数，增加了学生上课日的学习时间。

（2）为教师的教与学生的学的方式多样化提供了可能，便于师生实现学习活动或内容的完整性，便于安排复杂的学习活动。

(3) 由于教师有更多的时间规划更少的课时，改进了教师备课时间的质量。这样做便于教师的交流与进修。

(4) 便于更好地安排教师在不同的教研组，以满足课程整合的需要。

(5) 可以延长学生在课堂上自由支配的时间，有利于实现自主学习。

三、减少一天并行学习的科目数

普通高中必修课有思想政治、语文、数学、信息技术、外语（英语、俄语、日语等语种）、物理、化学、生物、历史、地理、体育和保健、艺术以及综合实践活动。如果按我们习惯的排课方式编制课程表，学生每周要学至少 12 门课程，每天至少有 6 门课程（如果按节课 45 分钟，每天 7 课时计算的话）。因此，按照课程改革的国际趋势：延长课时单位时间，减少并行学习科目，这是实施高中课程新方案的一个重要举措。而且，基于模块的高中新课程为这样的课程编排提供了可能。这种安排至少有如下这些好处：

(1) 每天学习科目不超过 4 门，可以减少学生每天要带的书的数量，同时有利于减轻学生的学业负担和心理负担，如有家庭作业的科目门数减少、预习科目相应减少，学业负担有可能会减轻一些。

(2) 有利于学生集中学习某一科目，便于掌握该科目必需的基础知识和基本技能，提高学习效率。

(3) 有利于学生对一门科目进行深入学习，即可以集中精力，重点击破。

(4) 有利于教师集中、连贯地上课，同时又有相对集中的、自由支配的时间备课、与同伴交流或进修等，这样有利于教师得到更多的发展机会。

(5) 有利于学校统一安排课程，盘活现有的课程资源，特别是时间与空间的资源，实现充分的利用。

第三章　高中特色教育理念与课程资源建设

第一节　高中特色与高中多样化发展的内涵

高中阶段教育是学生个性形成、自主发展的关键时期，对提高国民素质和培养创新人才具有特殊意义。高中阶段教育的主要任务是“推动普通高中多样化发展，促进办学体制多样化，扩大优质资源，推进培养模式多样化，满足不同潜质学生的发展需要，探索发现和培养创新人才的途径。鼓励普通高中办出特色，鼓励有条件的普通高中根据需要适当增加职业教育的教学内容，探索综合高中发展模式”。这主要是针对我国普通高中办学同质化倾向比较严重，人才培养模式和办学体制比较单一，课程选择性不足，学生的个性发展受到抑制的现象提出的。为改变这种现象，必须更新教育观念，转变学校发展方式，推动普通高中学校走内涵式发展道路，探索高中办学特色，以特色立校、特色强校，并以此来推动普通高中多样化发展。

从根本上说，普通高中多样化、有特色发展任务的提出，是由普通高中教育的发展阶段所决定的。到目前为止，我国普通高中经历了精英化教育和普及化教育两个阶段。精英教育阶段的普通高中强调选拔和淘汰，注重升学率，并由于高中教育资源紧张而强调规模扩张；而发展到普及化阶段，普通高中就从单一的升学职能转变为兼顾就业、升学、育人等多种职能，并由规模扩张转向内涵式发展。因此，多样化有特色发展是普及化阶段普通高中发展的必然选择与必然趋势。

普通高中多样化、有特色发展是国家、社会、学校与学生发展的共同需要，多样化发展一方面强调优化高中教育内部的发展结构与发展模式，实现办学体制、办学模式与人才培养模式等方面的多样化，这种多样化局面有赖于每一所普通高中学校不同办学特色的形成。因此，应充分尊重和激发每一所高中学校内涵发展的主动性与积极性，鼓励学校根据自身环境及现有条件追求特色发展，形成办学特色，使每一所高中学校找到合适的发展方向，实现学校发展类型与发展方式的多样化；另一方面，多样化发展意味着高中教育会更好地适应学生发展的各种差异，在学校类型、育人模式、课程设置、教育教学方式以及学生指导等方面为学生提供了更加多元的选择机会、支持和帮助，满足学生多样化、个性化发展的需要。

总之，从学校发展的角度而言，高中学校应追求办学特色以实现学校内涵发展；从区域高中教育发展的角度来看，就要追求区域内的高中学校多样化发展，以实现高中教育的多样供给，满足人民群众对优质、多样的高中教育的需求。每一所普通高中学校形成的不同办学特色汇集起来，就形成普通高中多样化发展的格局。从因果关系的角度来看，高中特色发展是因，高中多样化是果。而高中多样化格局的形成，又会进一步推动高中学校办学特色的高水平发展。因此，二者互为因果、互相促进。

一、高中特色的内涵与特征

高中特色，即普通高中学校特色。要了解高中特色的内涵与特征，需先厘清学校特色的内涵与特征。

（一）学校特色的内涵

对于学校而言，学校特色是学校办学独特性和优质性的体现，是学校个性化的办学追求。学校特色是一所学校在长期教育实践中，遵循教育规律，发挥本校优势，选准突破口，以点带面，实行整体优化，而逐步形成的一种独特的、优质的、稳定的办学风格和样式。学校特色的内涵丰富，表现在多个层面，既包含学校内部的课程、教学、管理、德育等方面的特色，也可指学校之间的各种不同特色，如人文教育特色、艺术教育特色、科学教育特色、体育特色等；既可以是学校局部的特色活动，也泛指学校整体的文化特色。因此，如何正确理解学校特色，明确学校特色定位，将直接影响高中学校的发展方向。关于学校特色，可从不同学科的视角来分析。从哲学的角度来看，学校特色就是优化了的学校个性；从文化学的角度来看，学校特色就是一种独特的学校文化，是学校精神文化、制度文化、行为文化、物质文化的集合体；从经济学的角度来看，学校特色就是学校之间的有价值的差异；从教育学的角度来看，学校特色就是学校基于自身的历史传统和实际情况，在较长时间的办学实践中逐渐形成的一种区别于其他同类学校的独特、优质而且相对稳定的办学气质和办学风格；从综合文化学与教育学两个角度来定义学校特色，即认为学校特色是学校基于自身的历史传统和实际情况，在一定的核心价值观或办学思想指导下，在长期的办学实践中所形成的相对独特、稳定、优质且具有整体性的个性风格。换言之，真正的学校特色应该是在学校价值观统摄下被同行与社会认可的整体办学风格。

由于学校核心价值观即为学校文化之精神文化的核心，因此，真正意义上的学校特色与学校文化构建密切相关。学校特色就是学校文化个性的积淀，文化是学校特色的根本属性。建设学校文化就是形成学校特色，学校特色应是文化的、内涵的、品质的，是在学校文化建设过程中自然形成的。真正的学校特色应该是文化性和整体性的，能够体现为学校教育理想和教育哲学，能够上升为学校精神和价值观，能够融会贯通并弥散扩展于学校各方面工作。总之，学校文化是确定学校特色的条件和基础，学校文化的重构又是学校特色建设成功的标志，二者具有同一性，相互依存，相互促进，难以截然分开。

（二）学校特色的基本特征

关于学校特色的基本特征，教育界见仁见智，各有各的理解。有学者认为独特性、优质性和稳定性是学校特色的三个基本特征。这三个基本特征是有机联系在一起的，独特性是学校特色的核心，优质性是学校特色生长的土壤，稳定性是学校特色能否继续发展的关键。一所学校的办学特色很难绝对与别的学校不同，因为基础教育的任务和内容趋同，办学体制和行政管理制度也存在很大限制，在特色建设内容上的不同只能是相对的，不同之处多是在项目活动的细节或者发展的深度上有所差别。学校的特色就是根据学校自己的需要和可能，把项目做好，只要把适合学校需要的项目做细、做深、做持久、有实效，特色就会产生。因此，学校选择与别的学校内容不同的项目可以创造特色，学习别人的特色也可以发展出自己的特色，借“他山之石”促自己发展。一句话，学校特色的核心含义可以理解为“校本、精细、实效、突出”。

独特性、优质性、整体性、稳定性是学校特色的基本属性，普惠性和公认性是学校特色的条件属性，优质性是学校特色的本质属性，多样性是各种学校特色所表现出来的形式属性。所谓独特性是指学校在办学理念、培养目标、课程教学、学校管理或育人模式等方面有不同于其他同类学校之处。值得说明的是，由于基础教育，尤其是义务教育阶段学校的目标、任务与教学内容基本相同，所以如果学校在上述内容的某一个方面做精、做细、有实效并表现出与同类学校的不同之处，即可视其为有独特性。所谓优质性是指学校取得令人满意的育人效果，或在某一方面或某些方面的表现优于其他同类学校。由于育人效果有时难以量化，也不好做横向比较，在这种情况下，追求“适切性”即“适合的就是最好的”，更能体现“学校特色”的本来意义。所谓整体性是指学校特色不仅表现在学校教育教学工作的某个方面，而且在一定的核心理念统领下的学校整体办学风格，这种办学风格体现在学校的校园文化、课程教学、德育管理、育人方式等各个方面。所谓稳定性是指学校特色一旦形成，不会因学校领导层的变更或教师的变动而发生根本性变化。学校特色的稳定性是相对的而不是绝对的，是动态的、发展中的稳定，而不是静态的停滞或僵化。所谓普惠性是指学校特色在面对的对象上，能够惠及学校中的大多数学生甚至全体学生。所谓公认性是指以育人效果为核心的学校个性风貌得到社会特别是同行的认可。所谓多样性是指学校特色的表现形式多种多样，其外延包括学校工作的方方面面，如学校的课程、教学、学科或领域、管理、校园文化等特色。可以说，学校教育教学工作的环境、范围有多大，学校特色呈现的领域就有多宽广。

总之，学校特色不只表现为学校具有个性化的校园环境、校本化的课程体系、明显优于其他同类学校的特色项目，更重要的是表现在学校每个成员身上的一种精神品质，它不因校长的更换而改变，不因教师的调动而弱化，也不因学校的变迁而消亡，它深入学校每个成员的骨髓，对教师与学生的一生都会产生影响。学校特色建设与学校历史文化传统相结合才能有深厚的基础，才更容易被社会、师生所接受，才使学校发展更有活力；学校特色建设要与教师发展与学生需求相结合，使教育回归教育的本源，回归到学生、教师生命发展的本真状态，也即教育的返璞归真；学校特色建设不仅追求学生个性的突出发展，而且要在此基础上追求全体学生素质的整体优化，要为不同类型、不同兴趣与选择的学生创造适合的成长环境，使大多数学生乃至全体学生受益，以实现全体学生的全面而有个性的发展。深入教育价值层面，学校特色建设最终应是一种精神追求、价值追求。

（三）特色项目、学校特色与特色学校的关系

“特色项目”、“学校特色”和“特色学校”三个概念虽然都与“特色”有关，但是其内涵是有区别的。所谓特色项目，通常是指学校在办学过程中已经形成或可能形成的局部优势，这个局部优势可以是特色课程建设、特色教学改革、特色德育变革、特色实践活动或社团活动、特色师资队伍建设等。特色项目是学校特色形成的基础和前提条件。选择特色项目，可在综合考虑学校原有办学条件和优势资源的基础上，结合学校的办学理念、育人目标、校长的愿景、教师的专长、生源状况等主客观条件进行综合分析判断。关于特色项目，可从以下三个层面来理解其特点及趋势：第一，局部性：特色项目是一种局部优势，它只是面向学校部分学生；第二，应然性：这种局部优势是学校现实存在的一种优势，也可能是符合人的成长规律和教育规律的一种应然的优势；第三，

潜在性：特色项目具有强大的发展潜力，能够从局部优势发展成为学校整体优势。

特色学校是指在先进的教育思想指导下，从本校的实际出发，经过长期的办学实践，形成独特的、稳定的、优质的办学风格和优秀的办学成果的学校。从特色即个性的角度来说，特色学校就是个性化的学校，是认识和优化了个性的学校；从特色学校发展的可能性来说，每一所学校就是一所潜在的特色学校，每一所学校都可能发展成为特色学校。

学校特色建设是注重以内涵式发展来提高教育质量的学校建设；而建设特色学校则是以注重外延式发展为主的学校建设，是着眼于某些人群特殊需要的学校建设，所以这种建设具有相对的局限性。简言之，特色学校和学校特色的根本区别在于，前者的特色是在量的方面的表现，后者的特色是在质的方面的超越。所谓特色学校就是学校在保证完成义务教育阶段的基本要求的前提下，另外增设了新的课程或是加大了某些课程教育内容的量；在教育教学活动安排上，提高了某些教育的标准；在某些教育教学设施与设备的购置上超过了高中学校的一般要求，使学校在某些教育方面形成了特有的优势。

特色学校肯定是有特色的学校，但有特色的学校未必都是特色学校。学校特色是特色学校的基础，而特色学校则是学校特色的发展和升华。因为特色学校同样是在长期的办学过程中形成独特、稳定、优质的办学风格和优秀的办学成果的学校。衡量一所学校是否发展成为真正的特色学校，有三条主要标准：第一，学校特色是否惠及全体学生；第二，学校特色能否具有持久性；第三，学校是否具有独特的办学理念和培养目标，是否形成独特的育人模式。基于这种认识，我们把特色学校看作是一类拥有独特办学理念和培养目标并为培养特殊人才或专门人才服务的学校。高中阶段的特色学校又称为特色高中。特色高中除了具有“学校特色”的基本特征外，还具有以下特征：第一，普惠性，即学校特色面向的是全体学生而不是多数学生，更不是少数特长学生。第二，人才定向性。特色高中的人才培养标准或培养规格与一般普通高中有明显不同，特色高中一般定位于拔尖创新人才的早期培养，或某一学科或领域的精英人才或专业人才的早期培养。

综上所述，可依据“特色”所惠及的学生范围的不同，来界定这三个概念的区别。凡是惠及少数学生的特色，一般称其为“特色项目”；凡是惠及多数学生的特色，可称其为“学校特色”；只有特色惠及学校全体学生并具有独特人才培养目标、有“准定向性”的学校，才能称之为“特色学校”。

（四）高中学校特色建设的特殊性

普通高中教育与义务教育虽然都属于基础教育，但与义务教育相比，普通高中教育与普通高中特色建设还具有一定的特殊性。有研究者认为，这种特殊性表现在两个方面：第一，选择性和准专业性是普通高中教育区别于义务教育的最显著的特征。就受教育权而言，普通高中教育属于非义务教育，因而具有选择性。就知识内容而言，普通高中教育具有“准专业性”或“准定向性”，具体可以理解为“强基础性、弱专业性”。在学科设置门类及其教学内容上，普通高中教育与普通高等教育存在比较好的衔接。在教学管理方式上，普通高中实行的必修、选修制度，走班制，学分管理制等也与大学的做法极其相似。就教育任务而言，普通高中教育承担着为学生的终身发展奠定基础、为学生升学和就业做准备的“三重任务”，这与义务教育所承担的任务也是有显著区别的；第二，普通高中学校特色的核心在于培养目标有差异，整体表现为不同的人才培养模式。由于普通高中教育具有选择性和准专业性的性质，普通高中特色发展可以通过不同的人才培养目标来体现，可以通过独特的课程设置和课程标准等形式来表现，可以通过选修制、学分制、走班制，甚至弹性学制等制度来实现。普通高中教育所承担的“三重任务”同样赋予普通高中特色发展的空间。每一所高中学校都可以在普通高中教育的任务序列中找到自己合适的位置，实现普通高中分层发展和分类发展，这种分层发展和分类发展从本质上说是学校培养目标和人才培养规格的差异，整体表现为学校在人才培养模式上各具特色。因此，普通高中教育育人、升学和就业的三重功能定位，决定了普通高中学校特色建设具有特殊性。

二、普通高中特色发展的含义与意义

普通高中特色发展属于学校发展的范畴。因此，要搞清普通高中特色发展的含义，首先需要了解“学校发展”的定义。

（一）学校发展的界定

从文化学的角度来认识学校发展：学校发展就是要形成良好的校园文化，而良好的校园文化形成是一个由表及里、由浅入深、长期动态发展的过程。从综合的角度来分析学校发展：从发展的主体来看，学校发展可以指学生发展、教师发展、学校领导发展等；从发展的具体内容来看，学校发展可以指学校硬件发展与软件发展，硬件发展主要有教学设施的更新与提高、校园建筑的建设等，软件发展主要有学生与教职工素质的提高、学校形象的提升、学校品牌的树立与扩张、校园文化的建设等；从发展的方式来看，学校发展有规模发展与内涵发展；从发展的性质来看，学校发展有渐进式发展与跨越式发展。在整合各派观点的基础上来看：学校发展是指发生在学校内的，以过程改进和质量提高为目的的，包括个人发展和组织发展在内的整体变化。学校发展包括作为个体的教师和学生的进步以及作为组织的学校的办学水平的整体提升。

（二）普通高中特色发展的含义

普通高中特色发展，是学校发展的内涵之一，是以办出特色为标志的学校发展，只是把学校的范围限定为“普通高中”。从学校发展的方式来说，普通高中特色发展属于内涵发展，与规模发展相对。基于前文对“学校特色”与“学校发展”的界定，可把普通高中特色发展定义为普通高中学校主动适应环境的变化，根据学生、社会的需求以及学校实际情况，采取适宜的发展策略，办出独特、优质、稳定且具有整体性的学校特色的过程。

普通高中特色发展是我国社会经济文化发展到一定阶段的产物，也是人们对民主与个性发展的愿望在教育领域的反映。关于普通高中特色发展的含义，可从以下五个方面来阐述：第一，发展的动因。推动普通高中特色发展的直接动因源自社会对多样化人才的需求以及学生对自身发展的多样化需求。这种需求是随着时代的发展和社会的进步而变化的，需要办学者保持对时代背景和社会环境变化的高度敏感。第二，发展的基础。学校目前的实际状况是学校特色发展的基础，它要求办学者从本校实际出发，找到推动本校特色发展的方向、目标定位、切入点、策略和路径。第三，发展的目的和结果。增强学校适应变化的能力，满足社会对多样化人才的需求和学生多样化发展的需求，办出自己的学校特色，这既是普通高中特色发展的目的，也是普通高中特色发展的结果。第四，发展的方式。它是以学校为主体的主动发展，与学校循规蹈矩、依令而行的外控型被动发展有着本质的不同。第五，发展的形态和实质。它是一种旨在提高办学质量和效益、促进学校组织和组织成员共同进步的内涵式发展，其本质是追求优质。因此，从普通高中特色发展动因的角度看，除了社会对多样化人才的需求和学生对自身发展的多样化需求外，更重要的还在于随着高中教育的普及，高中教育的功能定位已由单一的升学教育功能扩展为“升学”、“就业”和“全人”的综合教育功能。普通高中学校可以在这些功能定位中自主确定自己的任务和位置，实现分类发展、特色发展。从发展目的的角度来看，普通高中特色发展的最终目的不是办出特色，而是在特色建设基础上形成学校品牌，促进学生的全面发展与个性发展，这是学校层面的目的；以学校特色发展推动国家、社会与区域的高中多样化发展，以满足社会对多样化人才的需求，以推动国家经济、政治与文化的进步，这是国家和社会层面的目的。高中特色发展的最终目标是高中教育现代化，并以高中教育现代化推进我国社会政治经济与文化的现代化。

（三）普通高中特色发展的意义

普通高中特色发展的意义表现在以下几个方面：第一，从个体发展的意义来说，普通高中特色发展有利于培养学生的个性，促进学生全面而有个性地发展；第二，从组织发展的意义来说，作为内涵发展的普通高中特色发展，有利于学校提升办学质量，形成学校优秀品牌；第三，从区域发展的意义来说，普通高中特色发展是高中多样化发展的前提和基础，普通高中特色发展有利于“百花齐放”的高中多样化发展局面的形成；第四，从整个社会进步的意义来说，由于普通高中特色发展鼓励自主发展、个性发展，因此，普通高中特色发展在满足社会对多样化人才的需求、促进经济发展的基础上，有利于推动我国社会民主、开放的进程，有利于现代化的早日实现。

三、高中多样化的内涵与动因

普通高中特色发展的丰富性和多样性达到一定程度，就会从整体上推动区域内高中多样化发展格局的形成。那么，何为高中多样化？下面试从高中多样化的内涵与动因来进行分析。

（一）高中多样化的内涵

普通高中多样化是指普通高中教育的提供方式与管理方式、人才培养的类型定位与实现方式的多样化，主要包括办学体制多样化、办学模式多样化、人才培养模式多样化、办学特色多样化等四个方面的内容。就概念的内涵与外延来说，办学体制、办学模式处于上位，其中，办学体制指普通高中教育的资源提供方式，可以是公办，也可以是民办，或公办民助、民办公助等形式。办学体制改革，就应破除学校“非公即私”的二元对立思维，引导社会力量以多种形式参与普通高中教育，扩大优质高中教育资源的供给。办学模式指兴办、管理经营学校的体制与机制的特定样式，办学模式是由办学资源的特殊属性及特殊组织结构形式决定的。人才培养模式与办学特色则是相对下位的概念，是属于学校内部的行为特点。人才培养模式是学校在一定的教育思想的指导下，为实现一定的培养目标而采取的培养过程的样式或范式。办学特色是指学校在长期办学实践中形成的相对独特、稳定和优质且带有整体性的个性风格。高中多样化的实现方式包括校际间多样化、校内多样化两种主要形式。其中，人才培养模式多样化是高中多样化的核心，校内多样化是体现学校办学特色的主要形式。不管是办学体制多样化、办学模式多样化、人才培养模式多样化，还是办学特色多样化，皆为高中学校内涵发展的主要表现形式。换言之，只有实现普通高中学校的内涵发展，才能真正实现高中多样化。

（二）高中多样化的动因

关于高中多样化的动因，可从国内与国际两个角度来分析。从国内的角度分析，我国政府之所以提出高中多样化的要求，主要是因为我国经济社会的转型对劳动者的素质和创新能力提出了新要求，需要多样化的高素质人才。同时，高校连年扩招后，全社会已从长期的“文凭短缺”时代进入“文凭相对过剩”时代，社会就业逐步进入“文凭＋能力素质”的选拔时代，提升能力素质有了更加重要的现实意义。普通高中面临从重“应试”转向重“能力素质”的现实需要。普通高中应根据学生的基础和天赋，立足于发现和发展学生的潜能，为不同学生提供个性化的发展机会。这就要求高中学校必须走向多样化发展。而我国普通高中学校存在严重的办学同质化倾向，推动普通高中多样化发展就是要解决普通高中千校一面的同质化倾向。高中多样化的直接动因在于，我国高中多样化发展是在高中推进课程改革背景下和高考制度改革过程中，对单纯以应试为目的的办学体制和培养模式的挑战，是现实条件下落实高中课改方向和促进高考改革的有益探索。总之，不管是从我国经济社会发展需求的角度，还是进一步推进高中课程改革与高考制度改革的层面，高中多样化是我国高中教育发展的必然趋势。

总之，高中多样化的动因，从国家与社会层面上而言是为了适应经济社会发展尤其是创新经济的需要、国际竞争和国家利益的需要而培养多样化的创新人才；从教育层面与学生发展的角度来说，高中多样化发展的最终目的，就是要改变“同层竞争，同质发展”的现象，帮助不同的学生实现多样化发展，即全面而有个性的发展。高中教育多样化发展是一种历史的需要——从规模发展到内涵发展；一种目标的深化——从教育目标到培养目标；一种观念的改变——从追求划一到追求多样；一种能力的释放——从注重整体到注重个体。普通高中学校要通过特色课程与特色活动，通过不同的办学模式与人才培养模式，为不同选择的学生创造适合的成长环境，为他们的多样化发展创造条件。

第二节　高中特色类型与创建模式

一、学校特色类型与创建模式的理论分析

关于学校特色的分类依据与特色创建模式的概念界定，需在梳理前人研究成果的基础上进行理论分析与总结。

（一）学校特色分类依据

关于学校特色的分类依据，由于各自的研究目的、研究视角不同，不同学者对特色建设的分类也各有不同。学校特色建设的最终目标不一定是成为特色学校。这里依据各所学校的特色表现形式，基于其在学校办学、教育、教学中的主要表现，参考前述研究者的分类标准，按照教育学有关范畴与学校工作的主要板块进行归类，分为育人模式、教育理念、学校管理、课程教学、素养教育五大类型。从整体与局部的角度来看，育人模式、教育理念与学校管理特色属于整体特色，课程教学与素养教育属于局部特色；从文化学的角度而言，教育理念属于精神文化层面，其他四类特色属于行为方式层面。而从学校特色的整体性、文化性来说，上述学校特色还要体现在其他方面，最终表现于学校文化层面。随着特色建设的深入，这些特色最终会表现为具有整体性、文化性的学校特色。从此角度来说，这些特色表现难以截然分开。

（二）学校特色创建模式

1. 模式概念

模式（pattern），是指从生产经验和生活经验中经过抽象和升华提炼出来的核心知识体系，就是解决某一类问题的方法论，即把解决某类

问题的方法总结归纳到理论高度，就是模式。

模式具有以下主要特点：第一，模式是现象的抽象；第二，模式是由若干要素构成的完整结构，在这个结构中，模式各要素之间存在相互影响、相互作用的关系；第三，模式是解决某类问题的方法论或策略体系；第四，模式是一种标准模型，具有简约性、可模仿性等特点。

2. 学校特色创建的内容

学校特色创建模式即学校为创建本校特色而采取的办学方式、方法与策略的综合体系。

关于学校特色创建模式的研究范围主要限定在学校特色创建的初始阶段，如特色创建的切入点、定位、特色方案的制定等。本书重在特色创建与实施的过程之中，以系统论为指导构建学校特色发展模式。系统论是研究自然、社会和人类思维领域以及其他各种系统、系统原理、系统联系和系统发展的一般规律的学科。它以系统为研究对象，从整体出发来研究系统整体和组成系统整体的各要素之间的关系，以把握系统的整体性，达到最优化目标。系统论的基本思想方法，就是把所研究的对象，当作一个系统，分析系统的结构和功能，研究系统、要素、环境三者的相互关系和变动的规律性，并以优化系统观点看问题。世界上任何事物都可以看作一个系统，系统是普遍存在的。系统具有整体性、综合性、动态性等特点。从系统论的角度看，学校作为一个社会子系统，学校教育也是一个各种行为交互影响的系统。学校发展的水平取决于学校内外各系统要素的协调、配合程度。学校特色创建是学校发展的重要途径，学校特色创建的水平也取决于特色创建系统内各要素的契合度。这里把明确理念系统、特色定位与阐释、特色课程与活动、组织与制度保障、建立评价体系作为五个关键要素，构成一个学校特色创建的系统，形成学校特色创建的模式。

二、普通高中学校特色类型

从“多样化”的视角出发，学校特色发展离不开政府的主导，在总体布局上应该保证有足够多的“样”——类型，才能从根本上满足学生多样化学习的需要，为学生的多种选择提供可能。因此，在普通高中学校特色建设中应把握三个维度：一是类型，解决“多样”的问题；二是范围，是否惠及大多数乃至全体学校和全体学生；三是层次，应是在规范办学基础上的发展。

学校特色类型按照不同标准可以有多种分类，根据主导主体的不同，普通高中学校特色主要可分为两类：第一类是在政府主导下的办学特色，体现学校之间特色的不同，主要包括特色高中和综合高中，是指与其他普通高中相比，在教育对象、课程设置和培养目标等方面具有一定的独特性，在招生和升学方面有一定专业倾向的特色学校，主要为初中毕业学生进入高中提供“入口”选择。这部分学校一般有如下特点：一是在招生对象上具有一定的特殊性，在性别或民族上有所选择；二是在专业发展方向上有所侧重，主要体现在美术和外语方面；三是普通高中与职业高中在课程设置上的融合，即综合高中，学生既可以在入学后根据自己的能力、兴趣等选择适合自己的科目和课程，也可以在学习过程中进行调整、选择和更换课程，学校为学生提供多种选择的机会。第二类是学校内部的办学特色，指的是在现有普通高中学校的体制机制下追求某一方面或某一领域的特色发展，可概括为六大类：育人模式、特色教育、重点学科建设、德育与心理健康教育、教学方式方法、国际理解教育等。这里主要讨论这类学校。

（一）育人模式

多年来，我国在高中人才培养模式与培养目标方面，一直采用整齐划一的做法，人才培养模式趋同，这种模式的最大弊端就是学生没有自主发展的选择和可能，拔尖创新人才难以脱颖而出。可以说，没有人才培养模式和培养目标的多样化，就没有学校发展的多元化。高中课程改革以来，部分学校在育人模式创新方面进行了有益尝试。

（二）特色教育

特色发展应该是一种办学的内在自觉和思维习惯，对学校特色的追求只是一种办学的手段，其背后渗透的是一种文化和一种价值追求。特色教育是指在一定的特色办学理念指导下，围绕某一专题或主题而开展的以文化建设为价值追求的学校整体教育活动，主要通过对特有的教育理想、办学理念进行整体构建，再逐步转化为办学实践的过程。例如，某高中坚持“全人格、高素质”的教育理念，将培养健全人格放在教育的首位，将理想的人格分解为八个方面（独立人格、博爱人格、共处人格、勤学人格、勤劳人格、勇敢人格、创新人格和乐观人格），并通过必修、必选和任选三类课程得以落实，其中，校本任选课程完全由学生自主选择，综合实践活动课程是学科与德育的融合课程，注重使学生在真实的情境中认识自然、认识社会和认识自我，用自己所学去解决实际问题，生成真实的情感体验，为此，学校开展远足游学活动及青年志愿者服务活动，并形成制度、坚持多年。

（三）重点学科建设

重点学科建设特色是指在学校教学工作中，在确保各科教学实现基本目标的前提下，有重点、有计划地加强某个学科建设，以体现学校的价值追求。例如，某校充分利用师范转制学校的艺术学科（音乐、美术），师资优势，开办艺术实验班（美术实验班、音乐表演实验班）强化艺术学科教学；音乐学科主要包括表演、编导、声乐和钢琴等教学内容，试行“二加特”培养策略，即学生在两年高中课程（必修、选修、兴趣队组）学习后，根据自己的特长和发展方向，可以进一步发展自己爱好特长参加队组活动，为“特长”升学做准备。这样做既为学生开辟了更多的升学途径，也提高了学生的直接就业能力，大幅提升了学校的影响力。

（四）德育与心理健康教育

德育特色指的是以培养学生主流价值观或某一核心品质为主要内容的特色。学校根据“青春校园，健康心理”的特色建设方向，以此为核心，对德育、体育、科技、艺术、学科教学和劳动等传统特色进行统整，致力于培养“志向高远、品学兼优、能力卓越、身心和谐”的现代高中生。

(五) 教学方式方法

教学方式方法特色主要体现在两个方面：一是教学手段和方法，指在先进教育理念的指导下，根据学校的生源、课程和教师自身的理论素养等实际情况来选择或创新有个性的教学方法或手段。二是教学组织形式，结合本校的资源和生存环境，在优化整合教育资源的基础上，改革教学组织形式，达到优化教育质量的目的。探索以学生为中心的小组合作学习的教学模式，在教学过程中，根据不同的学科、不同的教学内容，运用适当的教学组织形式。

(六) 国际理解教育

高中教育对提升国家竞争力有着极为重要的基础作用。随着高中教育的普及，高中在校学生素质的高低对中华民族的整体素质将产生较大的影响。适应国家经济社会对外开放的要求，培养大批具有国际视野、通晓国际规则、能够参与国际事务和国际竞争的国际化人才，理应成为高中学校的育人目标之一。当前的高中学校多样化、有特色发展也是站在国家发展战略高度提出的。

三、影响普通高中学校特色定位的主要因素

学校是作为一个整体系统存在和发展的，其特色建设必须与学校整体发展相一致，办学历史、办学理念、办学目标、办学实践和办学成效应贯穿于学校发展的全过程，不能割裂各要素之间的内在联系，各要素缺一不可、相互作用，共同推动学校特色发展。

(一) 学校办学历史与现实

学校特色的形成尽管受到多种因素的影响和多种条件的制约，但无论其处于何种发展阶段，在特色建设中切不可忽视学校的办学历史。学校的特色建设首先应基于学校的历史文化底蕴，尊重学校的文化积累，回到学校的历史文化中重新发现、解读和建构学校思想和文化资源，并

由此勾画出学校特色建设的基本轨迹。由于每一所学校的办学基础和办学条件（包括师资力量、基础设施、教学设备和文化积淀）等不尽相同，学校特色建设必须建立在对学校的过去（办学历史）、现在（现有条件）和未来（机遇与挑战）进行深入调查和分析的基础上，着力挖掘学校特色资源，找准特色定位和突破口。

对于建校时间较长、文化积淀深厚的学校，应从学校发展历史中提取“遗传基因”，依托历史积淀进行文化传承，在继承中发展，在发展中创新；对于建校时间不长、缺少文化积累的学校，可从培育优势项目做起，初期，它可能只是学校某个领域的优势项目，经过精心培育，逐渐演变成一种特色项目，再逐渐发展成为学校特色；对于建校时间较短的学校则应从其发展中面临的问题入手，找出问题产生的原因，然后针对影响因素不断聚焦，最终找到能够“牵一发动全身”的基本问题，并针对这一问题制定出相应的解决策略，进行行动干预，伴随着问题的解决使劣势逐渐转化为优势，经过持续不断的发展，逐渐形成特色。学校特色是学校自主选择的过程，不是外部促成的，只有适合学校自身实际的选择才能促进学校的发展。在当前特色建设的高潮中，也应防止“被特色”现象的产生。

（二）办学理念

办学理念是学校教育思想的重要组成部分，在学校特色建设中起关键作用。无论从哪个角度、哪个层面提出的学校特色，都应有先进的办学理念作为支撑，以科学的办学目标为引领，以保证学校特色建设的科学性、教育性、时代性和适宜性。办学理念的定位直接关系学校的特色办学目标和发展方向，影响全体教职员工的价值观以及对学校未来充满信心的文化力量和精神力量。特色建设也是践行办学理念、发展办学理念的过程。在学校特色建设中，有必要重新思考和审视已有的办学理念。

（三）课程建设

课程是学校教育教学活动的重要载体，学校的特色活动最终都要通过课程加以落实，而丰富、完备的课程体系是学校特色的重要体现，也是实施特色建设的主要途径。课程规定了教育的内容、手段、进程和目标，是学校办学的核心，特色与课程互为依存、互为发展，特色课程是学校特色的重要载体。高中课程改革赋予学校合理而充分的课程自主权，为学校创造性地实施国家课程、因地制宜地开发校本课程提供了保障，也为高中学校特色建设提供了契机。课程实施主要有两种途径，一是国家和地方课程的校本化实施，主要是基于地域优势或传统优势（科技、艺术、体育）的校本课程开发；二是根据学生培养目标进行的校本课程设计与实施。

（四）策略选择

学校特色建设的实施策略主要有两种：一是整体规划、分步实施，指在学校整体办学理念的引领下，先有一个整体特色的构想，再一步步体现在办学的方方面面，这种方式比较适合办学历史较长、基础较好、办学理念明确的学校；二是依托学校自身优势资源，寻找特色建设的突破口和生长点，以点突破、点面结合，先从点上突破，再逐渐扩展到面上与整体，这种策略比较适合办学历史较短、特色积累不足的学校，通过特色建设加速学校发展。

（五）特色共识

学校管理者在学校中起主导作用，学校有无特色、是否发展特色，首先取决于学校管理者有无特色意识。同时，学校特色建设规划是一个全员参与的过程，它强调自上而下与自下而上相结合，强调责任分担，强调在发展过程中关注教师、学生、家长以及其他社区成员在过程中的广泛参与，是学校系统中各要素作用的调动与发挥。特色建设的过程也是组织文化重构的过程，一方面校长要增强特色建设意识，有明确的特色建设方向，同时还要加大特色建设的宣传力度，使之为全校师生及广大家长所了解；另一方面要营造和谐的人文环境，创设民主和平等的氛围，以学校的发展愿景、目标和思路来激励教师，为教师提供参与学校特色建设规划的机会，并广泛征求学校教师对特色建设规划的意见，使之充分研讨，得到全体教师的共同认可，只有这样才能使特色建设规划得到切实的落实，从而产生应有的效果。

四、普通高中学校特色创建模式

要明确高中学校特色的创建模式，需从明确学校特色创建的主要环节入手。

（一）学校特色创建的关键环节

普通高中学校特色的创建，大致从以下五个关键环节来进行。

1. 明确理念系统

此处的理念系统指学校的办学理念、办学目标、培养目标、发展愿景等内容。学校理念的核心是学校的价值观，主要包括人才观、发展观、教师观、学生观等。理念系统是学校特色定位的统领性的指导原则，是基础与前提条件。学校特色建设的内涵与目标应与学校的理念系统相一致，如此，才能确保特色建设方向的正确性与校本性。此外，除了明确理念系统外，还要对学校的历史传统、师资与生源，以及家长、社区需求状况进行综合分析。

2. 特色定位与阐释

对学校特色的定位与阐释是学校特色创建过程中的重要环节。这个环节决定着特色发展的方向。对学校特色的定位可从分析、检视学校的办学理念、培养目标入手，进一步分析学校自身存在的办学优势、学生需求或区位特点，对学校将来发展所面临的优势、劣势、挑战、机遇进行全面衡量，寻找学校发展的突破口——特色定位。特色定位之后，还要进行特色阐释，即对特色内涵与相关概念、要素、目标等进行界定，明确特色实施的大概思路。对学校特色的定位与阐释存在一个从粗略的大致方向到具体的目标定位逐步清晰化、细化和深化的过程。这个过程伴随着学校特色创建的不同发展阶段。特色定位在特色创建过程中可能会有反复，但总方向会越来越明确，内涵阐释会越来越具体。

3. 特色课程与活动

特色课程与活动是学校特色实施的载体。充分开发、利用校内外相关资源，开设适合学生需求与发展的特色课程，组织特色社团与特色活动，是特色创建过程中的关键环节。特色课程包括学科类课程与活动类课程。特色课程的开设要基于“校本”、立足于“校本”，也就是立足本校的传统、特点、学生需求、教师特长、办学理念等，进一步强化自己的特色，形成自己的优势，在促进学生全面发展的同时，形成独特的、统领性的课程建设原则与基本体系，开发出独特的校本课程。特色社团的建设、特色活动的开展，也应基于以上原则。特色课程与活动的实施，即特色课程与活动的教育教学活动也属于此范畴，要逐步探索出适合特色课程与活动的教育教学方式、方法。

4. 组织、制度建设

学校组织机构与制度建设是特色实施的保障。为保证特色建设的顺利实施，学校必须建立适应特色建设需求的组织机构，制定相应的管理制度。学校组织机构是指为完成学校教育教学工作目标而将学校各个部门按一定形式组合而成的整体，一般设有教导处、总务处、办公室等，近几年有些学校为适应新课程改革的需要，新设学生部、资源部、课程部等；教学组织主要设学科教研组、年级组、教育科学研究室等。学校要成立专门的特色实施领导小组和核心团队，使特色建设各项工作组织得力、责任到人、分工合作。

5. 建立评价体系

建立学校特色建设的自我监控和评价体系，以明确特色建设的成效与不足，是学校特色建设得以持续深入发展、科学发展的重要保障。学校特色建设的成效最终体现在学生的进步上，因此学校应建立学生评价系统，检测特色成效在学生身上的表现。

（二）普通高中特色化办学的指导原则

1. 以学校的实际发展需要为基础

每一所学校都有不同的校史背景、办学环境，特色办学能够打破过去那种“千校一面”的办学环境，使学校充分发挥自己的能动作用，从而因地制宜、因时制宜地找到一条适合自己的发展道路。可以说，示范性学校的办学就是要在规范的基础上进行大胆合理的创新，这种创新的动力和保障就是学校对自身资源、条件的准确把握。每一所学校的学生资源、教师资源、硬件资源与社会资源等都不同。有的学校将学生的综合能力培养放在首位，有的将学生的个性发展放在首位，还有的将培养学生良好的道德品质作为教育的重心。对教师的培养也一样，有的学校认为教师的专业技能是需要培养和提高的重点，有的学校把教师的文化素养和为人处世作为学校组织管理中的一个亮点。不同的学校只有在分析了自身的优势和欠缺后，才能发现学校发展中最需要的东西。

2. 突出学校的文化个性

学校的特色是学校长期积累所形成的，是学校传统的重要组成部分。任何一所学校都有具体的、独特的、不可替代的文化传统，每所学校的历史都是无法复制的存在，在其历史的长河中积淀并衍生出的学校文化是学校走上特色办学之路的基石。学校在定位自己的特色办学目标时，要总结出本校原本就具有的办学思路、办学模式、办学策略、价值取向、行为体系等，以学校传统文化为基础进行改良和创新，并延续和放大自身特色，而不是抛弃本身的文化传统，不断变换和人为打造所谓的学校特色。

3. 坚持以学校的发展为本

学校的特色办学必须坚持以学校的发展为本，强调研究的主体性。在特色办学的过程中，校长和教师要以学校为主体，深入分析学校的发展走向和规律，结合自身的理论经验，创造性地提出学校特色发展的规划和策略，即学校不是为了特色办学而去研究特色办学，而是要根据自身的发展需要开辟一条属于自己的特色发展之路。

4. 科学与人文并举

传统意义上的学校管理遵循严格管理的原则，强调规章制度，只要制定了完整的规范制度，学校管理就可按章操作。这种看似规范的管理最大的缺点就是人性化管理的不到位。而高中生更需要一种有人情味的校园管理。学校应对学生、教师给予人文关怀，从根本上打动学生、团结教师，构建起科学与人文并举、学风校风优良、规范特色的高中校园。

(1) 科学管理理论

科学管理理论就是用科学的管理取代传统的经验管理，本质上来说，科学管理更像是一场思想革命。在学校管理中，人们越来越强调从经验型管理走向科学的管理。对于学校而言，学校科学管理就是围绕教师和学生的发展，通过科学的方法，管理好学校教学，理顺学校、教师、学生三者的利益关系，不断提高学校教育质量，提升学校形象。科学的学校管理不应是局限于束缚人的行为，而应着眼于人才资源的充分利用、物力资源的合理配置、运行机制的优质高效。

(2) 人文关怀理论

“人文关怀”起源于西方的人文主义传统，核心是对人性和价值的肯定，强调关注人的生存状况，是一种以人为主体和中心的理论。人文关怀注重人的体验与感受，承认并尊重每个人的独特性与差异性，提倡促进人的全面发展。

实际上，学校管理与人文关怀有着密切的关系。有效的学校管理不仅要让学生感受到校园的安全与舒心，还需要用人文关怀去激发学生，使其发挥主体作用，以关心学生、爱护学生为基本出发点，促进学生在德、智、体、美、劳等方面获得全面发展。其中，教师是实施教学活动和管理活动的主体。因此，对于学校管理来说，要全力激发和调动全体教职工的工作热情，大力开展人文关怀活动，让教师在感受到来自学校的温暖与关怀的同时，潜移默化地融入学校管理活动中。

(三) 科学管理与人文关怀相结合

科学的管理方法与人文关怀相结合就是以人为本的管理理念。在我国，以人为本既是科学发展观的核心，也是各级各类学校管理的基本思想。在学校管理中，人本管理体现在三个层面，即以教师为本、以学生为本、以学校为本。管理要促进学生、教师和学校的发展，形成学校以育人为本、教师以敬业为乐、学生以成才为志的管理机制。在学校管理中，这个“人”指的是学校的广大师生，甚至包括与学生息息相关的家长。人本管理的理念转变了把人作为完成任务的工具的传统观念，而把人作为核心资源和财富。

在规范化特色高中建设过程中坚持以学生为本的原则，就是要以培养学生为中心，围绕学生健康成长，开展教育教学活动。正如我国教育体制改革所提倡的：教育教学要回归到素质教育的本质上，注重学生基本素质、能力的提升，注重学生的身心健康，不能片面地追求以成绩为中心的应试教育。

第三节　高中课程资源与特色建设

所谓课程资源，就是课程实施所需要的资源，换言之，就是有利于实现课程和教学目标的各种因素。在普通高中课程与特色建设中，课程资源建设占据着重要地位。课程资源对于实现普通高中课程改革与特色建设的目标，特别是对于提高普通高中学校的教育教学质量与办学水平，促进学生全面而有个性的发展，具有极为重要的意义。无论是国家课程、地方课程，还是校本课程的多样化呈现与实施，都离不开大量课程资源的支撑。没有课程资源的广泛支持，课程改革的设想就难以变成学校的实际教育教学成果；没有广阔而开放的课程资源根基，就没有真正意义上的现代课程。从某种意义上说，课程资源开发与利用的丰富性与适切性程度决定着课程目标的实现范围和实现水平。

教育理论界对课程资源的划分由于标准不同而呈现出多角度、多层面划分的特点。大致的分类有以下几种：按组成要素分，有人力、物力、财力等资源；按空间范围分，有校内资源和校外资源（或者是学校资源、家庭资源和社区资源）；按运动特征分，有静态资源和动态资源；以在教育发展中所起的作用分，有现实资源和潜在资源；从开发利用角度分，有原生教育资源、衍生教育资源、再生教育资源、创生教育资源；从产生过程分，有保持性资源和生成性资源；从物理特性与呈现方式分，有文字资源、实物资源、活动资源、信息化资源；按功能特点分，有素材性资源和条件性资源；按存在形式分，有显性资源和隐性资源，或者是物质形态资源和精神形态资源；以课程资源开发利用的存在形态分，还可划分为待创生的课程资源、潜在的课程资源、现实存在但未开发利用的课程资源与已开发待利用的课程资源；等等。

一、课程资源的不同角度及开发利用

高中学校应根据本校、本地区的实际情况，从不同的角度认识、理解并开发、利用课程资源。下面主要从校内资源、校外资源与网络化资源的角度逐一分析。

（一）校内课程资源

所谓校内课程资源，主要包括本校领导、教师、学生等人力资源；学校图书馆、实验室、专用教室等教学场所；各种标本、教学挂图、模型、多媒体设备与相关资料、电脑软件、教科书、参考书、练习册等教育教学资料；以及其他各类教学设施和实践基地等。

在校内课程资源的开发方面，普通高中学校进行了多种多样的探索。

1. 课程人力资源、课程内容资源、教学策略资源与场地设施资源

有的高中学校根据本校实际，对校内课程资源又进行了进一步的划分。可把校内课程资源划分为课程人力资源、课程内容资源、教学策略资源与场地设施资源，并分别进行了不同程度的开发。

关于课程人力资源，包括教师资源、学生资源等。

关于课程内容资源，包括校本教材、教师讲义、学生作品、兴趣特长、资源库、虚拟实验室等，在课程内容资源的建设上，实施“资源共建共享”制度。

关于教学策略资源，教学策略是指在教学过程中，为完成特定的目标，依据教学的主客观条件，特别是学生的实际，对所选用的教学顺序、教学活动程序、教学组织形式、教学方法和教学媒体等的总体考虑，也就是说教学策略是在教学的过程中，各个环节中使用的指导思想和方法。教学策略资源的开发，意味着学校的课程改革由浅表走向深刻；教学策略资源的积累、研究和改进，可以短平快地提高教师的教学水平，提高学生的学习能力。

关于场地设施资源，课程的实施环境不应只局限于课堂，实施设备不应只依赖于粉笔和黑板等工具，还包括英语角、校内外活动基地等。总之，生活的范围有多大，课程资源的领域就有多广，将课程与生活、时代、人的心灵融为一体，课程资源就如汩汩清泉，涌流不断。

注重校内课程人力资源（主要是学生和教师资源）的开发，是多数普通高中学校的特点。

2. 素材性资源

在校内课程资源的开发过程中，注重本校人力资源，尤其是教师、学生在教与学的互动过程中所生成的素材性资源，已成为某些普通高中学校的课程资源开发特点。素材性资源的特点是作用于课程，并且能够成为课程素材或来源，它是学生学习或收获的对象。例如，知识、技能、经验、活动方式与方法、情感态度和价值观以及培养目标等方面的因素，就属于素材性课程资源。

总之，校内课程资源，尤其是学校教师、学生在教学活动的过程中互动生成的资源，应成为课程资源开发的主要内容。当然，要科学有效地实施新课程改革，校外课程资源的开发与利用也必不可少。

（二）校外课程资源

校外课程资源，主要指野外、工厂、农村、商场、公司等区域环境资源；公共图书馆、博物馆、展览馆、科技馆、少年宫、社区组织等公共教育管理设施；家长、校外学科专家、上级教研部门、大学设施、学术团体、研究机构、有关政府部门等不同社会群体或机构；电视、广播、报纸、杂志等媒体资源等。普通高中学校对校外课程资源的开发主要包括区域文化资源与公共教育设施，以及高校、学术团体、科研机构等方面。

1. 区域文化资源

普通高中学校根据本校所在地区资源状况，进行了各具特色的探索。有的学校根据学校所在地区的自然资源与人文资源状况，开发出以区域文化为主题的系列校本课程。

以地方文化为主题的系列校本课程的开设，在激发学生对学校、家乡的自豪感与责任感的同时，还培养了学生的创新精神与实践能力，从而把科学精神与人文关怀和谐地统一起来。

2. 公共教育设施与高校、学术团体、科研机构

有效利用学校附近的公共教育设施以及高校、学术团体、科研机构等社会组织，也成为许多学校开发、利用的重要校外课程资源。一些高中学校建立了校外活动基地，带领学生到文化景点或博物馆、展览馆等场所参观学习。如充分利用博物馆、科技馆等校外课程资源，把学科教学（历史、地理、科技、信息技术等）、劳动与技术教育、研究性学习、社区服务与社会实践等加以整合，把课程做大，把课本加宽，开设博识课。该课程将参观访问、专家讲座、交流探讨、实践制作、论文撰写等活动融为一体，在拓宽学生的人文、科技视野的同时，让学生不断接触祖国深厚的文化积淀和最新的科技成果，这对培养学生的社会责任感、合作精神、创新精神和实践能力，提高学生的综合素质，无疑会起到积极的促进作用。

（三）校内外课程资源的独特分支——网络化资源

随着当代信息技术的发展，作为学校内外课程资源组成部分的网络系统，不仅成为课程资源共享的手段，而且其本身就是一座具有巨大发展潜力的课程资源库，成为课程资源开发、利用和交流、共享的重要平台。因此，可以把网络化资源从校内外课程资源中分离出来，作为一个独立的资源体系进行分析。

网络化资源主要指多媒体化、网络化、交互化的以网络技术为载体开发的校内外资源。不少高中学校依据网络系统，建立了课程资源开发与管理平台。其主要形式有课程资源库、网络管理平台与网络共享等。

1. 课程资源库

根据教育教学与特色建设的需要，一些普通高中学校利用数字图书馆的丰富资源，初步建立了服务于教育教学的高中课程资源库。为了解决课程资源开发建设中信息资源的无限性与进入教学实践的课程资源有限性的矛盾，普通高中学校调动教师通过研读新课标与新教材，整合成学科教学参考资料库，初步建成了基于网络系统、以校为本、服务教学的高中课程资源库，主要包括多个门类组成的校本课程资源库；学生在研究性学习活动中形成的科学探索、小百科知识、文学、艺术欣赏、了解民俗等内容组成的课题成果资源库等。在资源库建设过程中，学校重视学生与教师的参与体验，提高了教师实施新课程的能力，促进了学生学习方式的转变和教师专业水平的提高，为师生的终身学习打下了基础。

2. 网络管理平台

除了课程资源库以外，普通高中学校还借助网络化资源建立了新课程网络管理平台。网络课程平台管理在功能上包括了基础数据管理、课程管理、排课管理、选课管理、成绩管理、评价管理、社团管理、成长记录管理、系统管理等功能模块，以及信息反馈与通信管理、课程资源管理、教与学博客等辅助内容。其中关于课程管理模块，教师可以在网上，按课程纲要格式申报选修课程，教学处可对选修课程进行审核并开课；系统管理模块包含了灵活的权限设置机制与功能控制机制，使整个软件项目具备优良的扩展性与可操控性；选课管理模块提供了权重志愿选课机制，使学生具备充分的自主选择权，系统也将以学生的志愿、权重值、选课时间三个关键词进行排序录取。在业务上，该平台涉及教学体系、德育体系、学生指导体系、社团管理体系四个体系，针对每一体系，分别设置了该体系中的用户角色；在用户操作上，根据用户角色，实现数据库中数据资源的过滤与分流，从而使不同角色用户获得与之相关的数据及功能。

网络管理平台的使用，不仅使学生通过网络选课、制定个性化的修习方案成为可能，而且使课程的发布、学生学习过程的记录和成绩的评定能够高效地完成，从而保证了新课程的实施。

3. 网络共享

除上述两种形式外，网络共享也是部分普通高中学校利用网络化资源的重要形式。例如，学校可利用网络优势，吸引全国各地学校参与网络共享，将自己的教育资源放到网络平台上与别人共享，汇集整合了大量的优质资源，并把这些资源辐射到中西部教育欠发达地区，对这些地区的教育起到扶持作用。

把网络直播技术应用于中学课堂教学，也成为某些高中学校课程改革的特点之一。学生可在家通过网络上课，因某种原因不能上学的学生，在家中就能与其他同学按照相同的课表和作息时间，有规律地度过一天的学习生活，而且还可以通过网络与其他师生讨论、互动、交流。这充分体现了网络共享的方便、快捷。

有些高中学校在开发、利用课程资源以致力于国家课程的校本化实施与地方课程建设以外，还进行了校本课程的建设。相对于国家课程与地方课程而言，校本课程更加强调综合性、实践性与活动体验，给学生的发展提供了更大的选择空间。

二、校本课程的建设、实施与管理

（一）校本课程的不同分类与体系

在开发利用各种课程资源的基础上，高中学校根据校内外资源状况与学生需求状况，开发了各种各样的校本课程，形成了校本课程的不同分类与体系。

1. 较繁杂的分类

高中学校的课程主要包括人文科学、自然科学、体育艺术、实践活动等不同领域，体现了学校校本课程的丰富性。

2. 简约的分类

学校的校本课程体系主要有学科拓展类与实践活动类两种。校本课程分类的简约不等于简单，其中体现了高中学校对校本课程结构及其功能的深入分析与思考。

（二）校本课程建设与实施的特点

在开发利用各种课程资源的基础上，普通高中学校根据校内外资源状况与学生需求状况，开发了各种各样的校本课程；经过几年的经验积累，高中学校在校本课程建设、实施与管理方面体现出以下特点：

1. 探索校本课程开发的理论建构和价值定位

校本课程的理念、价值层面规定着校本课程开发的方向。校本课程的价值定位应考虑学校的整体发展目标、学校教育哲学和办学理念、办学特色。有些高中学校已开始从这个层面探索校本课程开发的理念。例如，某校校本课程开发的价值定位是“在满足学生个性发展的同时，促进教师专业化发展”，这是统领性的导向。教师的专业发展是关键，也是基础；校本课程的开发与校本研究、教师的专业化发展程度是密切相关的。

2. 探索校本课程的制度建设层面

在理念、价值基础上，校本课程的制度建设是校本课程得以有效运行的根本保障。高中学校也进行了校本课程的制度建设层面的探索。建立了校本课程的申报与审议制度，其中审议的基本原则和标准框架为：与学校办学目标和办学思想的一致性，与校本课程总体规划的一致性，课程方案中要素的完整性与各要素之间的一致性程度，目标的陈述、内容的选择与组织、实施，评价建议等是否规范可行，学校条件是否允许等，以保证校本课程开发与管理科学、规范、有序地推进。

3. 探索校本课程开发的组织管理层面

除了价值、制度层面以外，校本课程的组织管理层面对校本课程的实施效果至关重要。校本课程有组织（如学校课程管理委员会、课程指导委员会），有管理，有计划，有步骤，有实施，有评价（对学生学分有认定、管理、统计、结果分析），有监控和反馈，有总结和反思，体现了对校本课程的全程管理。校本课程说明包括课程背景、课程目标、课程内容、教学方法、选课建议、教育资源等，类似于课程纲要，比较具体；其校本课程评价体系，包括课程目标与课程计划的评价、课程准备与实施评价、课程实施过程评价，皆有明确的评价指标等内容，也比较系统。上述内容体现了部分学校校本课程组织管理的全面性、系统性，从而保证了校本课程的实施效果。

三、特色建设中的资源深度开发与整合

在学校特色建设过程中，课程资源开发与整合利用的重要性是不言而喻的。课程是学校教育教学活动的重要载体，学校的特色活动最终都要通过课程加以落实，而丰富、完备的课程体系是学校特色的重要体现，也是实施特色建设的主要途径。课程规定了教育的内容、手段、进程和目标，是学校办学的核心，特色与课程互为依存、互为发展。因此，在原来开发与利用课程资源的基础上，再次并深度开发、整合区域内外与校内外相关资源，以开设适合学生需求与发展的特色课程，组织特色社团与特色活动，是特色创建过程中的关键环节。普通高中特色建设过程中课程资源的深度开发主要表现在两个层面：一是区域层面的资源共享；二是学校层面的主动借势借力。

（一）区域层面的资源共享

在区域层面，充分利用本区域课程资源，特别是高等教育、职业教育资源以及网络资源，建立教育资源共享机制，以服务于高中学校特色建设的需要，是进行高中特色建设的突出特点。

（二）学校层面的借势借力

在学校层面，一些学校主动寻求外部支持借势借力，来为本校特色发展提供更充分的优质教育资源。例如，为突出科技教育特色，提升学生科学素养，某校提出了整合社会资源的策略：一是充分发挥科研院

所、高等学校等单位在理论知识、应用技术和物质资源等方面的优势，共建学校高端校本课程，开阔学生视野，提高学生的科学素养；二是将学校资源与社会共享，争取与社会共建教育资源；三是发挥国际资源在课程建设中的作用。

四、高中课程资源建设的问题与思考

普通高中学校在课程资源建设与校本课程开发的过程中，还存在一些值得深入探讨的问题。

（一）思想统领性有待提高

不同学校的资源条件、生源状况、师资情况不同，其资源建设与校本课程建设也应该各具特色。但是，资源建设与校本课程的多种多样性，不等于没有灵魂，没有思想统领，而要自成特色，就必须有校本课程开发及实施的思想统领。这个灵魂，这个统领，是反映学校办学理念，突出学校办学特色和校本课程特色的基本条件。有些学校的课程资源开发之所以相对比较成功，就在于这些学校比较注意以课程资源开发的科学理论为指导，对课程资源开发利用的条件进行了深入的分析、挖掘，形成了自己的思路甚至理念体系，形成了统领性的指导原则；并把校本课程理念与学校的教育哲学、办学理念、培养目标等有机结合，形成了完整体系。许多学校的课程资源建设与校本课程开发存在一定的盲目性与随意性，并未对学校的办学理念、办学特色与学生需要等内容进行深入分析与探讨，使得校本课程开发缺少核心灵魂，显得松散、随意。这就造成某些学校的校本课程存在多校重复、层次较低等现象，如有些学校艺术欣赏、信息技术类的校本教材，几乎千篇一律，缺乏本校特点。因此，学校应建立统领性的、明确的思想理论和原则，以此来统领课程资源建设与校本课程开发，使其独具一格，别有特色。

（二）对学校传统的继承有待加强

每一所学校的发展历程都有其独特性，都在其发展过程中积淀了值得后人继承的理念、精神与方式、方法；每一所学校的教育哲学、办学理念、办学特色的形成与学校历史、学校教育传统都有一脉相承之处。因此，普通高中学校要建立资源建设与校本课程开发的统领性原则，必须深入分析、研究本校的历史与传统，从中发现本校发展的特点、优势及不足，以扬长避短，确立适合本校的教育哲学与办学理念，并开发出适合本校学生需要的、独具特色的校本课程。

在普通高中学校中，有不少十几年、几十年乃至百年以上的老校。从逻辑上说，越是历史悠久的学校，其蕴含的文化底蕴就越深厚。有些学校意识到了学校办学理念、学校特色与学校教育传统的关系，并从学校历史中提炼出了学校的办学理念。但有些学校在办学理念的确立与校本课程开发的过程中，存在着盲目跟风现象，不断变换体现学校办学理念的校训、校风等内容；不是在总结和整合学校教育传统、概括办学特色、挖掘文化内涵的基础上进行资源建设和校本课程开发，而是将一些简单而通用的教育教学资源如综合素养类、技能类的资源，加以机械地排列组合，短时间内便排列组合出多种所谓校本课程。这种割断与本校传统的关系、缺乏根基的校本课程，显然不会有生命力。

（三）基本体系建设有待健全

除了思想统领与继承传统以外，课程资源与校本课程建设还应该搞好基本体系建设，从理念层（认识与定位）、组织领导层（领导态度、水平、组织建设）、实施保障层（应该有具体的措施和规定）、实施管理层（实施过程中的流程和实施措施）、评价反馈层、修正完善层等不同层次来完善校本课程开发与管理的基本体系，这样才能更好地使校本课程开发沿着正确的方向发展。打牢这个基础，才能避免偏离正确道路，避免重复与反复，避免走弯路和做无用功。目前，许多学校在课程资源的界定、组织实施与校本课程开发的主旨、课程目标、课程实施条件等方面，还没有形成系统、完善、思路清晰的体系，或者准确性和明确性不足，或者措施空泛，或者制度建设欠缺，或者组织管理、评价反馈系统有待完善。因此，只有完善基本体系，才能使课程改革沿着正确、合理的方向发展，课程资源开发、利用的实效才能得到保证。

第四章　高中校本课程开发概述

第一节　校本课程开发的概念

一、“校本”的含义

“校本”大意为“以学校为本”“以学校为基础”。它有三方面的含义：一是为了学校；二是在学校中；三是基于学校。

为了学校，意指以改进学校实践、解决学校所面临的问题为指向。“改进”是其主要特征，既指要解决学校存在的种种问题，也指要进一步提升学校的办学水平及教育教学质量。“校本”关注的不是宏观层面的一般问题，而是学校管理者及教师们日常遇到的亟待解决的实践问题。

在学校中，意指树立这样一种观念，即学校自身的问题，要由学校中的人来解决。要经由学校校长、教师的共同探讨、分析来解决，所形成的解决问题的诸种方案要在学校中加以有效实施。真正对学校问题有发言权的是校长、教师，他们对学校实际问题有其他人难以替代也不能替代的作用。

基于学校，意指从学校的实际出发，所组织的各种培训、所展开的各类研究、所设计的各门课程等都应充分考虑学校的实际，挖掘学校所存在的种种潜力，将学校资源更充分地利用起来，让学校的生命力释放得更彻底。没有学校自身的主体作用，学校的一切改革都难以成功。

“校本”主要落实、体现在校本培训、校本研究、校本课程和校本管理这样四个方面。

二、"校本课程"的含义

校本课程亦称"学校本位课程"或"学校自编课程"，一般界定为"以学校为基地而开发的课程"，即学校在具体实施国家课程、地方课程的前提下，通过对本校学生的需求进行科学的评估，充分利用当地社区和学校的课程资源，由学校教师编制、实施和评价的多样性的、可供学生选择的课程。在我国官方文件中校本课程称为"学校课程"。通常以"选修课"的形式出现，它与国家课程、地方课程构成学校课程的有机整体，是执行国家三级课程管理政策的组成部分。

学界对校本课程概念的分析主要存在三类观点：其一，从管理层面理解校本课程，具体包括国家课程与地方课程的校本化实施和学校开发新课程两层含义；其二，从课程实体上理解校本课程，认为"校本课程"是"校本课程开发"的产物，是国家课程计划中的重要组成部分，在这一层面上，学者们做出了不同的解读，有的认为校本课程是教师对学校课程做出改造或新编的内容，有的认为校本课程是一个课程模块，占有一定的课时比例，也有的认为校本课程是学校教师自主开发的计划或方案；其三，从语意逻辑上分析，认为校本课程既不是科学概念，也不是专业术语，而仅仅是一个日常用语。

《基础教育课程改革纲要（试行）》（以下简称《纲要》）中指出："大力推进基础教育课程改革，调整和改革基础教育的课程体系、结构、内容，构建符合素质教育要求的新的基础教育体系。"《纲要》在具体目标中明确提出了改变课程过于集中的状况，实行国家、地方、学校三级课程管理，增强课程对地方、学校以及学生的适应性。简言之，校本课程是学校自主管理、开发、设计和实施的课程。我国学界有两种相近的观点：一是校本课程是对国家课程和地方课程的再加工、再创造，而这种加工和创造使国家课程及地方课程校本化、个性化，更符合学生、学校和社区的特点与需要；二是校本课程就是学校在无干扰状态下自主开发和设计的课程，即学校在对学生进行科学评估并考虑社区和学校课程资源的基础上，以人为本，开发旨在发展学生个性特长的、多样的、可供学生自主选择的课程。

在实践过程中，对于校本课程的理解有“窄化”的现象。有的学校对于校本课程的表述，大多为学校重点抓的带有学校“特色”的突出项目。这个突出项目既作为校本课程的明确定位，又是综合实践活动的主要抓手，还是“特色学校”的主要内容。虽然我们不能否定这种校本课程的存在，但至少有了为校本课程而开展校本课程的味道，没有把校本课程真正落到实处。还有一种现象就是“泛化”了校本课程的界定，认为凡是除了国家课程和地方课程，学校一切有意义的教育活动都可以称其为校本课程。如果按此界定，学校则无需研究校本课程，因为一直以来没有哪一所学校不搞有教育意义的活动。如果一切有教育意义的活动都称为校本课程，那么校本课程这一概念的提出就没有太大意义。我们可以从五个方面来辨别是否为校本课程：有明确的教育目标、有特定的教育内容、有稳定的师资、有具体的实施过程、有一定的评价。学校的教育活动如果符合以上几个方面的内容，并进行了课程化的设计，就可以初步认定为校本课程。

三、校本课程开发含义

“校本课程开发”是近年来我国的课程研究学者从西文教育文献引进的新名词。对校本课程开发有两种不同的理解，即“校本课程的开发”和“校本的课程开发”。前一种是指学校自主开发的自有的独特的课程，这是狭义的理解。后一种是指包括国家课程在内的所有课程的校本化改革，是广义的理解。这两种理解的产生源于不同的教育管理体制。世界各国的教育管理体制大致可以分为集权型和分权型。集权型即以中央调控为主，在国家课程计划中预留10%～25%的空间作为学校决策的校本课程的范围。分权制是指学校在符合国家课程标准的前提下，对实施的课程整体都有决策权。显然，我国的国情决定了目前我国的校本课程开发属于前者。所以，在我国，校本课程强调的是，在实施国家和地方课程的前提下，对本校学生的需求进行科学评估，利用当地社区和学校的课程资源而开发的多样性的、可供学生选择的课程。因此，校本课程开发指的是以学校教师为主体，在具体实施国家课程和地方课程的前提下，通过对本校学生的需求进行科学评估，充分利用当地社区和学校的课程资源，根据学校的办学思想，旨在满足本校所有学生学习需求的一切形式的课程开发活动，是一个持续和动态的课程改革的过程。

校本课程开发包含以下几层含义：

（一）校本课程开发关注的是满足本校学生成长过程中的兴趣和需求

一所学校要开发校本课程，就要考虑课程的必要性，也就是说，为什么要开设“这种”课程而不是“那种”课程，而决定开设“这种”课程而不是“那种”课程的依据主要是学生的兴趣或需要。同时，还要考虑可能性，即依学校现有的师资、条件、资源等，在什么样的程度上满足学生的兴趣或需求。以前的兴趣小组或活动课存在的一个问题就是随意性较强，不是学生“需要什么我给什么”，而是“我能开什么就开什么”，在课程的必要性和可能性方面的论证不足。现在的校本课程是在过去的兴趣小组或活动课上的进一步发展。

（二）校本课程开发是一个动态的过程

校本教材的开发是一个动态的、涉及多元的过程，要经过开发—使用—再开发的反复循环，使所教即所需，所教即有用，才能使教材内容和形式有用、有趣、有效。

（三）校本课程开发通过对学校和教师赋权，优化了课程资源的配置

每所学校的教育理念、课程资源、学生来源等不同，所开发的校本课程也就各异。校本课程开发也为学校办学特色的形成提供了一个平台。在校本课程开发中，教师的广泛参与能够使学校办学特色保持持久

的生命力。校外其他人员不熟悉学校具体实际情况，所开发的课程难免不符合学校需要和难以突出学校特色，而本校教师最了解学校的实际情况，并能够根据学校情境的变化及时调整课程开发方案，因而必须以教师为开发主体。如果能够充分利用教师的特长和课程研究中的优势，对学校办学特色的形成和发展将产生积极影响。

（四）校本课程开发使得学校成了课程决策基地，教师成为开发主体

校本课程开发自下而上地弥补了国家课程中的不足，有利于学生个性的发展以及教师专业发展水平的提高。教师始终是校本课程开发过程中的主导力量和关键人物。在校本课程开发过程中，从情境分析、目标制定、课程内容组织与实施到课程评价这些环节都要依靠教师的力量和能力，教师提供意见与决定，有利于更好地将校本课程开发的政策和理念转化为可行的具体实践，脱离一线教师的支持，只靠专家或者理论条文，校本课程开发很可能脱离实际，开发可能失败。无论是从历史上的经验教训来讲，还是从校本课程开发的每一个环节来分析，教师都是校本课程开发的关键，可以说，没有教师就不可能有课程的发展。因此，教师主体参与的校本课程开发能够帮助学校实现教育目标，形成自身的办学特色，这也是为什么近年来大力倡导校本课程开发本土性和创造性，鼓励开发校本课程的原因之所在。

第二节　校本课程开发的目的和意义

一、校本课程开发的目的

各国实施校本课程开发的目的各有不同，就我国目前的教育现状来看，实施校本课程开发的最主要的目的可以简要地概括为以下三个方面。

(一) 让所有的学校都“动起来”

校本课程开发把学校推到了课程改革的前沿，学校成了课程开发的主体。

在制度化教育形成之前，学校是独立的教育单位。但在制度化的教育形成之后，学校成了整个学校系统中的一个分子。而随着现代化教育体系的日益庞杂，单个的学校越来越没有了自我。庞杂的教育体系很难灵活地适应现代社会的急剧变化，校本课程开发则再次确定了学校作为课程开发的责任单位的地位，让每个学校都行动起来。这样既可以提高学校自身的实力，也可以为国家减轻负担。

(二) 让所有的教师都“站起来”

教师对待所教的科目及其内容一直是敬畏有余的。科目对他们来说，是国家规定的，教材对他们来说，是专家编写的。他们被要求严格忠实于国家的所有课程文件，甚至连教学的具体步骤都严格遵照教学参考书指定的教学步骤和课时数。教科书对他们来说是神圣不可侵犯的，他们跪拜于教科书的神威之下。然而，在校本课程开发的过程中，他们亲自参与到课程编制的整个过程。国家提供的课程标准，成为他们主动学习研究的指导性纲要，国家提供的配套教材成了他们自主选择的对象。他们可以站在学校这块基石上，鸟瞰国家的课程或其他学校的课程。

(三) 各方面人员沟通起来

高度集中的课程管理体制使得所有的学校、所有的教师、所有组别的教育行政人员各自分别地对中央负责，他们彼此之间缺乏沟通和理解。校本课程开发使得学校的教师、学生、家长、校长、校外课程专家和学科专家以及社区成员等各方面的人员依此“沟通起来”，为了一个共同的目的走到一起，他们不仅更容易了解对方，而且更渴望了解对方。

二、校本课程开发的意义

（一）可以弥补国家课程开发的不足

我国长期以来一直遵循自上而下的国家课程开发模式，重点强调共性和统一性；却忽视了地方性和个性。我们知道，我国地域辽阔，人口众多，各地在经济和地域上的差异又如此之大，只有一统的国家课程开发或“准一统”的地方课程开发，远远不能满足地方上的不同需要。校本课程开发，则可以更好地满足地方和学校的需要，更好地满足学生的有差异的学习需求。

（二）有助于促进教育民主化的发展过程

民主至少有两个方面的重要条件：一是政府权力的下放，二是民间参与意识和能力的增强，而这两方面又是相互关联的。没有政府权力的下放，也就没有参与的机会。没有参与的机会，也就难以形成参与的意识与能力。反之，参与意识薄弱、参与能力差又会导致政府不愿意也不敢放权。

实施校本课程开发十分有利于激发教师、学生、家长的参与意识，也让他们在参与的过程中学会参与，因为校本课程开发的一个首要前提是政府给予学校的自我开发空间，一个主要特征就是全员参与，集体审议。

（三）有利于学生的个性成长

现代教育倡导学生生动活泼、全面和谐的发展，力求帮助学生在完成社会化的同时，实现个性化。每一个学生既有与同龄人相同的年龄特征，更有与众不同的特殊性和差异性，照顾学生的差异性，满足不同学生的发展需要，只靠国家统一的课程和统一的要求是不行的，校本课程所承担的基本任务之一是满足学生的实际发展需要，校本课程的灵活性和多样性决定了其可以满足不同地区、不同学校、不同发展水平的学生的实际需要，能够为促进学生的健康发展提供有利的条件。

（四）有利于教师的专业发展

教师专业发展的一个重要条件就是享有专业的自主权。校本课程开发让教师自主决策，这无疑为教师的专业发展提供了广阔的空间。另外，校本课程开发是一个有各方面人士参加的合作和探究的过程，在这样的过程中，教师能够在课程专家及其他相关人员的指导和帮助下，反思他们自己在教学中所遇到的问题，并找到问题的答案。这样的探究和合作显然十分有利于培养教师的专业精神，提升教师的专业技能。国内外的许多校本课程开发实践表明，校本课程开发的最大受益者是教师。

（五）有利于形成学校办学特色

学校办学特色主要由每所学校中的课程哲学、办学方向、学生的发展现实和发展需求、课程资源等决定。校本课程改变了过去全国课程“大一统”的局面，给学校形成和体现自身的办学特色提供了一个坚实的平台，有利于学校发挥各自的优势，发掘校园内外丰富的课程资源，凸显学校的独特风格。

通过几年的实践，各地各校在借校本课程开发彰显学校办学特色方面，积累了一些有益的经验，用事实证明了校本课程开发在形成学校办学特色方面的积极作用。

（六）有利于促进教育的合作和交流

校本课程开发需要得到大学研究者的帮助，这使得学校不得不主动地与大学建立联系。这十分有助于促进大学与中学之间合作伙伴关系的建立。另外，校本课程开发需要借鉴他校的经验，同样也会促进校校之间的合作和交流。

过去，学校代表参加会议，其任务多数是各自领“旨”，回去传达、执行，校与校之间没有沟通。如今，许多学校则是带着各自的“特产”向大会展示，让大家分享。校本课程开发无疑会促进校与校之间的横向沟通。

第三节　校本课程开发的理念

一、基础理念

（一）以学生为本

校本课程的开发以全面贯彻党的教育方针，推进素质教育的顺利进行，提高学生的综合素养为宗旨，以培养学生的创新精神和实践能力为重点，以促进学生转变学习方式——变被动接受式学习为主动探究式学习为突破口，强调以学校为主体和基地，增强学校办学的自主权，使教材能够根据不同地区的经济发展不均衡的特点，根据不同学校的实际情况和特殊需要，补充国家课程和地方课程不足，整合学校的课程资源，淡化课程的学科性，尊重和满足学校师生的独特性和差异性，为创办出新型的“个性化”学校提供更大的空间。

充分体现“一切为了学生，为了学生的一切”这一指导思想要求校本课程的开发者，必须从学生需要出发，深入了解和研究学生心理的发展规律。因为教育直接以人为对象，对人的理解影响着教育的方方面，教育的基本使命在于引导完备人性的建构与发展。也就是说，在教育理念上，应以健全的生存哲学为理念基础，树立教育的生命性、未来性和社会性价值，以建立开发人的整体生命为潜能目的。健全的生存哲学，本质上是一种尊重人的生命、尊重人的基本自由权利、尊重个体差异和个体主动性的哲学。这种哲学视人的生命价值与社会价值为个人生活中不可或缺的经纬线，它高度维护人的生命的整体发展，强调人的发展的能动性。

（二）以学校为本

真正的教育在哪里？在学校。学校是有计划、有组织地对青少年一代进行系统教育的专门机构。在那里，儿童发展所必需的各种知识与技能得以养成、社会的主流价值观得以传播、社会的行为规范得以落实。与其他教育机构相比，学校教育具有明确的目的性、严密的计划性、有序的系统性、较强的可控性等特点。因此，它是真正发生教育的地方。相对于家庭、社会而言，它为每一个儿童的终身发展奠定必需的基础，对青少年一代的影响巨大而且深远，在儿童的发展中起着决定性的作用。

学校教育功能的实现有赖于课程，知识技能、主流价值观、行为规范等都需要课程这个载体来加以表现，因而课程就成了教育的“心脏”。谁来决定学校的课程，也就成为一个核心的教育问题。长期以来，我国的学校不用考虑“教什么”（课程权）的问题，而只要考虑“怎么教”（教学权）就可以了。“教什么”由专家与官员决定，学校负责忠实实施，长此以往，学校成了一个执行“课程”的专门机构。解决这一问题的策略之一就是学校有权做出自己的课程决定，参与课程决策，并承担这种决定所带来的课程责任。

哪里有学校，哪里就有课程。离开学校的课程只是一种文本，一种教育理想。如果要把这种理想变成现实，其先决条件就是学校教育共同体必须成为课程决策的共同体，其核心人员就是校长、教师、学生及其家长。校长有责任按照国家的教育政策，起到专业领导的作用，与学校的相关人士一道，为全校学生的最好发展做出课程规划及其他决定；教师必须根据国家课程标准或其他课程文件，在自己的专业活动范围内，关注对象的需要，做出课程设计及其他决定；学生有受教育的权利，同样也应有自己的课程权利，他们有权在一定的范围内选择自己的学习方式、选择课程甚至教师，规划自己个人的学习方案；学生家长应该有机会参与学校的课程事务，如了解课程、评价课程，以及为改正课程提出建议，同时也有义务协助学校实施课程，如提供信息、协调资源等。因此，我们有理由断言：真正的课程离不开学校——发生教育的地方，学校是教育之寓、课程之所，校本课程的开发应以学校为本。

（三）关注教师的专业发展

校本课程的开发不能没有教师的参与，因为教师最了解自己的学生，有资格承担课程开发的一部分权利和任务。每位教师都有自己所擅长的专业。即使是复合型的、学识比较渊博的教师也不可能担任学校各门学科的教学任务。教师的特长、兴趣和爱好应该受到保护并充分发掘。校本课程对教师开发课程资源提出了明确的要求，教师以往的专业发展主要集中于教育教学方面，课程资源的开发对教师提出了新的专业能力和要求，这种能力要求就是课程开发的专业素养和能力。从这个意义上说，教师本身构成了课程实施中很有价值的课程资源。教师应该成为学生利用课程资源的引导者、开发者。教师必须具备根据具体的教学目的和内容开发与选择课程资源的能力，充分挖掘各种资源的潜力和深层次价值。教师在一定程度上决定着课程资源的鉴别、开发、积累和利用，是课程资源的主要载体，在校本课程资源的开发上扮演着重要的角色。

校本课程开发对教师的专业精神、技术要求很高，校本课程开发不应当也不可能只局限于教师本位的课程开发，即只是个别教师根据自己的经验编写的科目教材或资料。因此，教师的专业水平及专业发展能力在校本课程开发中应备受关注。

（四）人的发展是人的生命的整体发展

所谓人的“生命的整体发展”是指人的生命是多层次、多方向的整合体。生命有各方面的需求，包括生理的、心理的、社会的、物质的、精神的、行为的、认知的、价值的、信仰的等。任何一种活动，大都是以一个完整的生命的方式参与和投入的，而不只是局部的、孤立的某一方面的参与和投入。精神科学的创始人狄尔泰对此有过精辟的论述，他认为人是整体的人，是有意识、有情感、有想象的存在物，在“人这一整体事实中”，人是“精神生活与人的心理——灵与肉生命统一体的完美结合”。联合国教科文组织发布的《学会生存》报告，对此也做了明确的定义，“发展的目的在于使人日臻完善；使他的人格丰富多彩，表达方式多样；使他作为一个人，作为其中一个家庭和社会的成员，作为一个公民和生存者、技术发明者和有创造性的思想者，来承担各种不同的责任。”另一份《教育——财富蕴藏其中》报告也将人的整体发展归纳为四个方面：学会认知、学会做事、学会共同生活和学会生存。

人的生命整体发展的理念有如下几个特点：

一是学校生活是学生生命的重要构成。学生是一个完整的生命体，学校生活是学生生命的重要构成。学校生活不仅重视理性、智能、技术在人和社会发展中的作用，而且重视对人的精神力量的培养。

二是扩大对人的基本需求理解。在现代化科学技术革命和生产发展的条件下，不仅把人的科学素养方面的需要作为人的基本需求加以尊重，而且更为注重人文素养在人的生命发展中的重要意义，将科学素养和人文素养最佳地整合起来。

三是尊重首创精神和创造力量在正式生活中的需要。传统教育压抑个人的创造性，新的教育理念提倡保持一个人的首创精神和创造力量而不放弃他在正式生活中的需要，尊重传统文化而不用现实的模式去压制他，鼓励他发挥其天才能力和个人的表达方式而不助长他的个人主义，密切注意每一个人的独特性而不忽视创造性。

二、校本课程开发的特征

校本课程开发是指学校根据自己的教育哲学思想自主进行的适合学校具体特点和条件的课程开发策略。校本课程开发具有以下五个基本特征。

（一）课程目标的个性化

校本课程开发最根本的一点就是基于个性化和体现个性化。其课程目标具体表现在以下三个层面上：

学生层面。校本课程开发旨在满足资质不一的学生的不同需求，可以更好地促进学生个性的充分发展。

教师层面。校本课程开发以教师的专业自主意识与专业自主权力为前提条件，这其实就是教师的专业个性化的反映。

学校层面。从一定意义上讲，学生与教师个性化的形成会导致学校个性化的形成，会促进学校办学特色的形成。另外，校本课程开发立足于学校的实际，学校的教育理念与办学宗旨均是校本课程开发得以生存和发展的动因。这本身就是个性化问题。

在这三个层面中，尊重和发展学生的个性是最根本的目标。校本课程开发的目的就是要把教学主体的角色还给教师与学生，找回他们在大一统的课程体制中失去的自主性、主体性和创造性。因此“个性化”的教育理念和目标是校本课程开发的核心思想与灵魂。

（二）课程决策的民主化

校本课程实质上是以学校为基地进行课程开发的开放、民主的决策过程，即校长、教师、课程专家、学生及家长和社区人士共同参与课程计划的制订、实施和评价活动。它涉及学校教育实践的各个方面。比如，它涉及学校组织结构的优化，涉及教师在岗培训、教育资源选用和社区参与等多种相关措施。校本课程强调教师对课程决策的参与性。同样值得一提的是，虽然学校教育的具体执行是教师广泛地参与课程决策，但校本课程不应该也不可能局限于由学校内部的教师个人对课程进行开发，或称之为教师本位的课程开发。教师本位的课程容易导致教师根据狭隘的经验编写科目教材或资料，其结果往往是过于封闭、缺乏交流，使得校内课程不均衡和不连续。而“校本”强调课程开发活动是由学校发起并在学校中实施的，强调学校对当地社区课程资源的利用，特别强调与校外专家的交流和合作。因此，在整个课程开发过程中教师虽是生力军，但最终的决策应由所有参与教育实践的人共同决定。

（三）课程内容的动态化

校本课程内容的动态化，首先体现在从国家制订的课程计划到教师和学生所实施的具体的课程计划中。这个过程是一个开放动态的过程。课程内容或教学内容，虽是由课程方案、课程纲要和教学设计等组成，但就其本质来说，课程不仅仅是由教科书所表达的一种结果或一种产物，它还具有生成性，即课程也是一个动态发展的过程。任何国家课程只有通过教师在学校中的教学活动才能体现。这就要求国家从“统一的培养目标”出发制定具有一定灵活性的课程方案，然后按课程适应性要求，制定具体的课程实施方案。这些课程方案的内容必须给学校、学生等留有余地，以便他们遇到具体情境时灵活地做出课程决策。

校本课程内容的动态化还体现在校本课程开发的过程是使课程理论内容和课程实践内容不断发展、丰富和完善的过程方面。在长期以来的校本课程开发的实践和实验中，广大课程改革的理论和实践工作者，对校本课程开发、校本教师在职教育、学校自我评价、学校整体反思以及行动研究等实践与研究方面做了大量的工作，取得了突破性的进展。今后，这些研究与实践还将继续下去并日益深入。在这一过程中，有关校本课程的教育理念和教育思想得到了普及，包括促进变革的逻辑起点是实践者的问题而不是革新者的问题的理念。教师和学生是课程开发的贡献者而不是被动的接受者，实际承担教育教学任务的学校也应该成为设计课程的理想空间，学校作为一个组织机构在保证课程革新“生根”的可能性方面起着决定作用。真正持久的课程变革必须依靠实践者参与变革过程。教师作为实践者是课程开发的核心参与者，没有教师的参与就没有课程的开发。这诸多方面都在一定程度上扩大了课程论的视野，促进了传统课程理论和实践的变革，尤其是打破了单一的国家课程模式，使课程理论的内容和课程实践的内容走向丰富和完善。

（四）课程优势的互补化

国家课程开发在解决课程的基础性和统一性方面具有优势，这是校本课程开发所难以企及的；而校本课程开发则是为尊重具体学校、社区环境和师生的独特性和差异而存在的。这一点恰恰是国家课程开发所不容易兼顾的。它们是各有优势和相互补充的两种课程开发模式，其中的任何一方都无法取代另一方。校本课程开发本身就是在试图弥补国家课程开发的局限性的过程中而出现的一种课程开发模式。所以，校本课程开发是国家课程开发的重要补充，而且是越来越重要的补充。因为两者的课程优势呈互补化。

（五）课程情境的互动化

国家课程是通过书面的课程文件和计划好的课程方案来体现的，而校本课程则强调在特定的课程情境之内，师生各自发挥自己的主动性，根据自己的能力、兴趣、爱好和感悟来理解课程、诠释课程、参与课程。在这种课程情境中，学生不再是没有个性差异的被动的学习个体。而是需要像兴趣、个性一样被重视，与教师一起共同设计自己的学习课程，成为主动的学习者和创造者；教师不再是被国家教科书所捆住的“传道者”，也不是照搬别人设计好的课程方案的“留声机”，而是课程的研究者、开发者和实施者，是具有主体性和能动性的课程教学情境中的真正的主人。在校本课程情境内，教师对课程的设计、实施等，其首要的依据便是学生。由于校本课程具有针对本校、本班学生的特点和从学生实际出发的特点，因此，比国家课程更容易调动学生的学习积极性、主动性和参与性。总之，在校本课程的具体情境中，教师和学生在很大程度上摆脱了单一课程的束缚，形成了互相尊重和互相促进的师生关系，最大限度地发挥了各自的主动性。

第四节　校本课程开发的原则

校本课程开发的原则是指在校本课程开发过程中，制约着开发活动的价值准则，是人们根据对课程开发过程的规律性认识而制定的用以指导课程开发的基本要求。课程开发的原则规范着课程目标的性质、课程内容的选择、课程实施的标准以及课程评价的取向等问题。

一、主体性原则

校本课程开发是指学校根据自己的教育哲学思想，自主进行的适合学校具体特点和条件的课程开发策略，它实际上是一个以学校为基地进行课程开发的民主决策过程，即校长、教师、学者专家、学生、家长及社区人士参与学校课程计划的制订、实施和评价。因而，校本课程开发应遵循主体性原则。主体性原则应包括以下三方面的含义。

（一）学生为主体

由于国家课程的统一性、规定性往往顾及不到具体学校学生的兴趣爱好、实际水平和发展需要，因而长期以来学生作为受教育者，很少有选择什么样的教育的权利。校本课程开发要以学生的实际需要为出发点，以发展学生的个性特长为目标。因而，它必须充分地了解和反映学生的实际，给学生以尽可能充分的选择机会。为此，学校在开发校本课程的过程中要重视学生的参与，在实施过程中要特别注意学生学习后的反馈意见，以根据学生需要不断优化校本课程。

（二）教师为主体

校本课程开发和实施需要教师的充分参与，要充分尊重教师的意见，在课程开发和实施过程中都要重视教师的主动精神。没有教师积极、主动的工作，校本课程的开发是无法想象的，校本课程的实施、评价也无从谈起。

（三）学校为主体

校本课程开发兴起旨在弥补单一的国家课程开发机制难以满足学校多样性与差异性的缺陷，更好地满足具体学校的实际条件与需要。因此，它必须是以学校为主体自主开发，以学校的教师为开发的主体力量，并且开发的产品必须充分体现学校的特色，不能人云亦云，千校一面。没有体现出各自学校的特色就不能算真正意义上的校本课程。

二、目标性原则

校本课程开发，必须以国家制定的教育目标为课程开发活动的准则与导向，以防止校本课程开发活动偏离国家的教育方针。该原则包括以下两方面的含义：

（一）确定课程目标应以教育目标为基准

校本课程开发基于每一所学校，强调特殊性与差异性。但这一“个性”应该植根于整体的教育目标这一“共性”之中。具体的校本课程目标最终应该以更好地达成教育目标为归宿。因此，学校要根据本校的特点，凸显本校的特色，将校本课程的目标建立在教育目标范畴中。虽然校本课程在各自的培养目标上有一定的侧重，但在具体的实施过程中，却不能脱离整个教育目标，否则，校本课程的目标就会失去其达成的基础。因此，在设计校本课程时，应将校本课程的特殊目标与国家课程所应达到的一般目标结合起来，使校本课程的特殊目标在与一般目标发生联系的过程中得到实现。从这个意义上讲，将校本课程的特殊目标与国家课程的一般目标相结合，也有利于校本课程与国家课程实施的密切配合。因此，无论是校本课程的设计，还是实施与评价都要以实现课程目标为最高原则与终极目的。

（二）开发校本课程应以教育目标为指向

校本课程开发的主体是教师，其开发活动的质量和效果与教师的素质息息相关。而每所学校的师资水平是有差别的，即使是同一所学校的教师，其素养也是有差异的。为此，在校本课程开发过程中，应当用共同的教育目标来规范和引导整个开发活动，以减少开发中的随意性，增强其科学性。这是校本课程开发必然的选择与追求，也可防止或避免校本课程开发沦为教师自编课程或教师本位的课程。这样，既保证了国家基础教育的质量，奠定了未来公民的基本素养，又充分展示了他们的个性特长，使他们真正成为充分发展的人。

三、协调性原则

校本课程开发，不仅会引起学校组织机构的某种程度的变革，而且还会触及学校原有教育经验的方方面面。对于校本课程开发来说，变革与稳定之间的协调问题是极为重要的。它不但涉及校本课程开发的质量问题，也涉及引入校本课程开发的方式等众多复杂的问题。为此，校本课程开发应该遵循协调性原则。该原则包括以下两层含义：

（一）三级课程的均衡协调

校本课程开发必须在国家课程计划框架内、立足于弥补国家课程之缺失的基点上，谋求与国家课程和地方课程的协调一致和均衡发展，以获取支持。有学者说：“校本课程开发倘若丧失了国家层和地方层的主导权与支持，只能沦为‘空洞的口号’。”由于校本课程开发强调社区的需求和学生的兴趣、需要，往往会忽视课程组织的共同、平衡原则。因此，在规划设计校本课程时应该处理好各个学习阶段的课程衔接问题，即不但要维持学校课程的整体性和连贯性，而且要兼顾校本课程开发的灵活性和针对性。校本课程并不是与国家课程、地方课程相割裂的，它们的内容无论从难度上，还是从选择与组织上，都应该相互协调、相互平衡，成为相互联系、相互影响、相互转化的有机整体。

（二）诸多因素的整体协调

就课程开发主体而言，校本课程开发的主体既包括教师、校长，也包括学生和课程理论工作者以及家长、社区人士等。因此，在校本课程开发过程中，这些人员应该秉持一种整体的观点，要尊重参与，相互调适，形成合力。从而既可避免彼此间的冲突与抗衡，也可避免将校本课程变为个人本位的课程，否则封闭的、缺乏交流的课程将有违于校本课程开发的旨趣，也会造成校内课程的不均衡与不连续。就课程实施而言，校本课程的实施与国家课程的实施无论是实施方法还是实施空间都有明显的差异。校本课程的实施突破了“学校—教室—课本”三位一体的封闭状态，而且融入了社区、家庭等外在因素。因此，校本课程开发应该处理好学校、社会和家庭三者之间的整体性协调。这样，校本课程才会有强大的生命力与持久力，才不至于被作为“异己”的力量或“花边”教育而受到排斥。

学校课程开发实施要与国家课程改革的指导思想和目标相一致，一般采用模块的形式，各模块的学时和学分设置与国家课程必修、选修模块的规定相同，要避免与国家课程必修、选修模块的简单重复、随意加深与拓展。

四、整合性原则

校本课程设计应采用横向组织的课程组织类型。这就要求将所选择出的各种课堂要素，在尊重差异的前提下，找出彼此间的内在联系，然后整合为一个有机整体。整合的重点在于对认知、技能、情意的整合与知识的整合。具体而言，该原则包括以下两个方面：

（一）课程内容、方法和学生生活经验的整合

国家课程专注于给学生传授系统的知识体系，并不太重视培养学生学习获取知识的方法，同时也不太关注课程与学生生活经验的联系。因此，这样的课程设计常以知识内容为纲。作为弥补国家课程缺陷的校本课程，应改变以学科知识为取向的课程组织形式，采取以学生的发展或社会问题为取向的课程组织形式，要把课程与学生身处的环境和个人经验联系起来。课程只有扎根于学生的经验，才能起到培育人的作用。学生的兴趣、需要、经验、能力是课程整合的焦点，借此要让所学的不同课程能够融入学生的身心结构中，成为他自身的一部分。

（二）学科间的整合

课程整合强调的是课程的横向联系，其目的是让特定的课程内容与其他课程内容联系起来，让学生能够把所学的知识贯穿起来，以提高综合知识的能力，获得综合经验。为此，校本课程的开发应致力于学生对学科知识的融会贯通与综合运用，让学生获得完整、一贯的经验，而非零散破碎的事实，以防止学生的知识体系窄化、僵化和脱离生活实际，

促使学生个体全面发展。校本课程反对学科领域的严格划分，提倡按需要把跨学科的内容组织成教学主题。本着这种精神，校本课程开发的领域可以包罗万象，比如科学的、环保生态的、艺术的，或其他与学生日常生活经验有关的主题都可作为校本课程开发的内容。

五、多样性原则

校本课程开发，无论是课程设计，还是课程实施与评价，必须自始至终以具体学校和具体学生的独特性与差异性为出发点和归宿，才能凸显校本课程开发的个性化特征。

（一）指向学校

校本课程开发，其核心理念是以学校为课程开发的场所，是基于学校、立足于学校、为了学校。而所有这一切实际上都是针对每一所学校的不同情况而言的。比如不同的社区环境与课程资源，不同的师资水准，不同的办学条件以及不同的办学模式、办学宗旨等，这一切均是一所学校区别于另一所学校的特殊性之所在。也正是由于每一所学校均有其特殊性，才使得校本课程开发成为可能。因此，校本课程开发，必须从学校的实际出发。

（二）指向社区

任何国家的校本课程设计，都有其世界性课题的一面，但更重要的是有其国家性、社区性与乡土性课题的一面。许多课程学者强调，21世纪的校本课程需要强调“国际理解教育”与“乡土教育”。

国家课程以追求基础性与统一性为目标，进而达成共同的理解。而校本课程则应注重社区性与乡土性。因此，校本课程的设计要立足于当地社区的特点，要充分考虑当地的风土人情、传统习俗。

（三）指向学生

校本课程开发是以学生获得学习的利益为终极目的的。学校以学生为主体，课程本身亦是为学生的学习而存在的。因此，如何适应学生的能力、经验以及现实生活的需要，来设计符合学生利益的课程，应是校本课程设计的最大原则。就校本课程的内容而言，应选取与学生现实需要密切相关的内容。唯有如此，才能引起学生的学习兴趣，才能对学生的实际生活产生作用。就校本课程的设计而言，应尽可能满足每一个学生的需要，最大限度地切合每一个学生的生活经验与文化背景，这样才能促使学生主动学习，并将所学的知识迁移到其他的情境之中，成为真正有用的知识，进而内化为学生人格的一部分。此外，校本课程的设计还要依据学生身心发展的阶段巧为安排，使学生能够在轻松愉快的情境下进行有效的学习。鉴于此，在校本课程的实施过程中，教学形式应灵活多样，教学方式应新颖独特，要借助现代化的教学手段，使学生的学习成为在教师指导下主动的、富有个性的过程。

六、可行性原则

校本课程开发，应因地、因时、因校循序渐进，量力而行，切忌盲目照搬。不同学校的地域特点、师资质量、学校经费、教学设备、社会物质环境及精神文化环境等方面不尽相同，而且不同区域的学校，学生的文化背景以及对校本课程的价值取向也存在着差异。为此，进行校本课程开发时，学校必须正确评估自身的优势与劣势，要依据学校自身的特点，尽量突出学校的优势，以提高校本课程开发的成功率。比如校本课程的内容选择以满足学生的兴趣与需求为前提，但同时又必须立足于学校、社区所能依托的教育资源，否则校本课程也就失去了“校本”的特色，其课程的可行性也就无从谈起。

第五节　校本课程开发的内容

一、校本课程开发内容的类型

校本课程是学校范围内实施的课程，课程形态应多样化，一般以讲义、活页、指导手册、活动方案等形式呈现。校本课程内容的开发是校本课程开发的关键，它直接体现着校本课程开发的理念和目标。为满足本校所有学生的学习需求，依据各学校不同的资源条件，校本课程开发的内容表现出多样性和差异性的特点。

(一) 依据校本课程开发内容的结构划分

1. 科学素养类

内容可选择航模制作、无线电控制、电脑网络连接、计算机应用、软件开发、天文观测、地理探险、环境与资源、生命科学、学习策略、医学初步、现代农业科技、广告制作、新能源、地方自然状况、生活中的科技等。课程的内容应该是当今科技发展前沿，既贴近现实生活，又能激发学生探索和创造的兴趣。这类课程也叫科技探索性课程。

2. 人文素养类

内容如美学初步、法制教育、中国文化选讲、文学欣赏、新闻采访与写作、演讲与辩论、地方风土人情、社区和学校历史、社区和学校的人文景观、地方文化等。

3. 身心健康类

内容如游泳、武术、体操、田径、球类、棋类、旱冰、心理辅导、心理咨询、价值取向等。这类课程也叫身心健康性课程。

4. 生活技能类

内容有园艺设计、植物栽培、交际礼仪、服装设计、摄影摄像、家政服务、烹饪技术、日常救护、公共资源使用与检索、营销模拟、应用医学、职业辅导等。这类课程也叫生活技能性课程。

5. 艺术欣赏类

内容如文学、电影、电视欣赏、中西方美术欣赏、歌舞、乐器、雕刻、书法、绘画、泥塑、手工、剪纸、编织、戏剧、表演等。这类课程也叫艺术欣赏性课程。

6. 学科拓展类

内容可选择语文、数学、外语、政治、历史、地理、物理、化学、生物等基础学科，应强化学科知识拓展，特别是学法指导、学科竞赛。如语文课中的宋词赏析，外语中的英语会话、英语阅读、科技英语，化学学科中的生活与化学等。这类课程也叫学科拓展性课程。

总之，校本课程内容的开发选择应围绕学生与自然，学生与他人、社会，学生与文化，学生与自我等四个方面。

（二）根据校本课程开发内容的发展功能划分

1. 基础性课程

基础性课程是指教授给学生可再生长的基本知识和可再发展的基本技能的课程。它和国家课程的范围大体一致，包括语文、数学、物理、化学、英语、政治、生物、历史、地理、体育、音乐、美术等。基础性课程由学科知识课程和学科学习策略课程构成。

学科知识课程开发。学科知识课程开发涉及两个方面：一是对课程内容的更新，采取的方式通常是改编、新编或拓编。二是对课程结构的革新，它包括：学科知识分层建构，学科知识横向整合。

学习策略课程开发。学习策略课程的目的是使学生学会学习，它使学科知识具有知识的可再生长性和技能的可再发展性，从而完整地体现出基础性课程的特点。

学习策略课程分为通用学习策略课程和学科学习策略课程。通用学习策略包括选择性注意策略、记忆学习策略、组织学习策略、精加工学习策略、元认知学习策略等。这种策略适合任何课程和形式的学习，不与特定知识领域相联系。学科学习策略指与特定学科紧密结合，适应专门知识学习的策略。如应用解题策略、朗读策略、英语学习策略、化学实验策略等。学科学习策略直接与学科联系，并具有“生成性”特点，因此应成为学校基础性课程中开发的重要内容。

2. 丰富性课程

丰富性课程是指丰富学生生活、促进学生全面发展、提高学生综合素质和生活质量的课程。它包括健身、博知、怡情、励志、广行五类。

健身课程主要是教给学生强身健体的方式，如武术、乒乓球、排球、篮球、足球、体操等，同时培养学生体育意识和保健观念。这类课程的开发一方面要重视活动方式多样化，另一方面提倡活动参与大众化。

博知课程主要是丰富学生知识，开阔学生视野的课程。如诗词鉴赏、名作欣赏、名胜古迹游、网页信息浏览等。博知课程的核心目的是要教给学生获取广泛知识的方法。如查阅图书、信息卡集成、图书馆阅读、电视或新闻品评等。

怡情课程是指愉悦性情，丰富情感体验的课程。一种是艺术怡情，可通过音乐欣赏、美术欣赏、书法欣赏、舞蹈表演等课程来实现；一种是休闲怡情，如摄影、垂钓、插花、集邮、拼盘、盆景花卉等课程。该类课程可教给学生有意义的休闲和怡养性情的方式，培养高雅的生活情趣。

励志课程是激发学生生活热情，增强学生意志力的课程。如成功人士案例分析、挫折调适、坚持训练等磨砺性教育课程。当前，很多学校仍偏重智力，忽视意志力培养，致使多数学生心理脆弱、意志力差、社会适应困难。因此，开发励志课程已迫在眉睫。

广行课程就是指广泛适应社会生活和工作的操作性强的课程，即它以培养学生具体的操作能力和实践能力为目的。如网页制作、无线电维修、新闻采访、英语会话、实验操作等课程。

丰富性课程可单独开设，亦可交叉进行，这要依据不同情况而定。

3. 发展性课程

发展性课程是指拓展学生能力，激发学生创造力的课程。它在基础性课程上提高了要求，增加了难度，以培养研究性、创造性人才为目的，相对于丰富性课程的多样性和趣味性，它更重视学科的前沿性、学术性和学习的探究性。这类课程包括两方面内容：一是指加深学科知识的深度，重视学科的学术性、前沿性，旨在拓宽学生学科知识和能力的课程，如学科知识竞赛辅导等课程。二是指着重培养学生的问题意识、创新意识、科学精神和创造能力类的课程，如科技发明、学术小论文、创造技能培养、思维训练等，这类课程以探究性学习和开放式学习为主。此类课程在基础教育中虽不占很大比例，但对学生一生的发展具有举足轻重的作用。

二、校本课程开发内容的要求

（一）校本课程开发内容要统筹兼顾

校本课程内容的开发应妥善处理与国家课程、地方课程的关系，对国家和地方课程在许可权范围内进行补充、发展、提升。国家课程是从宏观层面上把握学生在发展过程中应具有的知识、技能、态度与方法；地方课程考虑到地区的差异，从中观层面对学生发展提出要求，两者更多地关注学生社会化进程。校本课程内容的开发应根据学校实情与学生的差异性，对学生所学的内容进行补充、拓展与延伸，促进学生个性化与社会化和谐发展。

校本课程内容的开发，既要对学校已有经验进行集聚、提炼，又要关注未来社会、经济、科技、文化对学生发展的要求，发挥自身特有的灵活性。学校在校本课程开发时，不可避免地会将自身的优秀传统与文化融入其中，加强对学科经验、学生经验、教师经验的提炼与总结，形成自身校本课程的亮点与特色。与此同时，校本课程又要以独特的灵活性，不断吸收新的知识、新的经验、新的要求，形成充满活力与时代性的内容，促进学生可持续发展。

（二）不同类型的学校要有突破点

不同类型的学校在校本课程开发上应量力而行，并且找到与学校实际、学生需要的结合点。如果一所学校，学生的基础相对较差，对国家课程、地方课程的基本内容理解有难度，学校应在帮助学生理解国家课程、地方课程的校本课程补充上下功夫，使学生达到基础要求，同时也可根据自身的资源状况，开设一些学生感兴趣的校本课程。一些现代名校，由于自身的优势明显，学生的资质相对优异、潜能大，教师力量也比较强，应充分发挥校本课程对国家课程、地方课程的提升功能，致力于形成自己的校本课程体系。

(三) 校本课程开发内容应形成体系

内容的开发应形成体系包含两方面的内容：一是学校根据自身实际，考虑到学生不同潜能发展的需要，适应社会对人才多样化的需求，在国家与地方课程规定的各科课程中分类别、分层次开发若干必修或选择模块；二是学校根据学生的兴趣、爱好与个性，充分利用各类资源开发若干必学或选学的学习领域、科目或模块，并兼顾知识体系的完整性。

(四) 校本课程开发内容要立足于学校教育资源与文化构建

校本课程内容的开发有两个立足点：一是立足于学校教育资源的开发。学校教育资源可以分为三个方面：第一是特色教师，第二是社区资源，第三是学生需求。二是立足于学校文化的构建。利用学校优良传统的传承，还有学校进行的人格教育的课题研究、实践来积极构建。在实践过程中，特别要强调校本课程是一种整合，是大课堂、大课程的整合。同时校本课程是一种浸润，是一种文化、一种情感、一种习惯，从而促进学生品质的养成。

第六节　校本课程开发的形式

校本课程开发的形式因为选取角度、划分方法的不同而有所差异，并进而影响到校本课程开发的方向。

根据课程开发主体参与程度的变化，可以把校本课程开发形式分为选用、改编、拓展、新编四种。

一、选用

选用是参与程度最低的校本课程开发类型，它只是从众多可能的课程方案、项目中选择能体现地方和学校的特色，适应本学校及学生不同发展需要的课程作为校本课程。在校本课程开发刚起步时或课程开发能力比较缺乏的情况下，学校和教师经常采用这种适宜的方式。

就这一模式来说，应该满足两个条件，一个是学校和教师要有选择的权利，二是要具有可供选择的空间。这个空间，应该是由教育行政部门提供的。也就是教育行政主管部门，应该向学校推荐一个可供选择的课程科目清单，由学校从中自主选择某一科或者几科。比如，每学期在教材征订时，应该有一个由国家或省教材审定委员会审查通过的目录，学校在进行校本课程的选用时，就可以从这里面选择。

二、改编

课程改编主要是指学校和教师对已有的课程（自己的或别人的）进行增加、删减和改变顺序等方式，以形成一门适合自己实际需要的课程。课程改编一般涉及五个方面的某一个或几个方面的修订，即目标、内容选择与组织、实施方式、评价方式与课程资源的修订。

比如说语文学科，从小学到中学，所有年级都有古诗文、名著阅读等内容，这些都零落地分散在各个学段，一个学期学一点，其中又间隔很长时间，这种教学程序，无论从弘扬中华民族传统文化的角度，还是从提升学生的文化素质、增强学生的文化底蕴，乃至于升学来说，都是很不利的，而作为国家课程的行为，它又没有别的办法，我们如果以校本课程的框架，把这些内容整合在一起，考虑一下在哪个学段专门开设哪个科目，达到一个什么目标，这样每周都学一点，任务不重，还保证了内容、学习的连续性，其学习效果一定很好，同时，也有效地落实了课程标准的要求。

三、拓展

课程拓展则是在充分考虑新的有价值的目标、新的知识技能、新的学习需求的基础上，对原有课程进行针对性的补充或对原有课程的优势进行拓宽，以形成一门新的校本课程。

四、新编

课程新编主要是指按照学生课程需求的评估以及可得到资源的分析，在学校教育哲学的观照下确定开发一门全新的校本课程。所谓新编，只是一个相对概念，只是相对个性化而言，越个性化的课程，就越能体现新编。许多学校的“特色课程”以及最具时代性的课程就属于此类。这是一个难度较大的课程开发形式。因为就一所学校来说，师资水平、经济条件等毕竟是有限的，而编制课程又是一项政策性严、科学性高、知识性强的工作，编制课程内容应该从小处着眼，从细处入手，最好是一个单元、一项活动、一个项目，不能盲目求多、求全、求系统。

最后值得一提的是，这种校本课程的开发形式的分类本身只是为了学理上的清晰，而且局限于某一门课程的开发，而不是指校本课程整体方案的开发。事实上，学校和教师在具体的课程开发活动时无需对号入座，还是要以课程产品的品质为导向，因地制宜地选择一种或多种开发形式。更重要的是，学校要对校本课程进行整体规划，然后对参与的教师进行适当的培训，让教师有机会参与校本课程的开发。实践证明，不提供给教师课程开发的机会，教师永远不可能有课程开发的能力，因为课程能力不是“教”出来的，而是“做”出来的，校本课程开发的过程就是学校和教师课程能力提升的过程。

第七节　校本课程开发的模式

关于课程开发，曾经出现过四个主要模式，即目标模式、动态模式、过程模式和环境模式。这四个主要模式同样适用于校本课程的开发，它们为校本课程的开发提供了极其重要的思路。

一、目标模式

(一) 目标模式概念

目标模式代表人物是美国的泰勒。1949 年，泰勒在他的名著《课程与教学的基本原理》一书中系统阐述了目标模式的基本原理。自此，目标模式成为课程开发领域中最常见的模式，始终对课程开发的理论建设和实践活动起指导作用。

目标模式是以目标为课程开发的基础和核心，围绕目标的确定及其实现、评价而进行的课程开发模式。泰勒将课程开发过程分解为确定目标、选择学习经验、组织学习经验、评价四个阶段。

确定目标即明确指出课程期望达到的目标，或明确提出期望在学生身上形成的行为，其必须在后续三个阶段之前进行；选择学习经验即根据详细说明的课程目标，对提供给学生的学习经验进行选择；组织学习经验即将提供给学生的学习经验组织起来，使它们彼此之间互为促进，从而产生累积效应；评价即对课程目标在实践中的实现程度进行检查，指出已经达到的目标和需要进一步改进的方面。

上述四个基本阶段是一个循环往复、周而复始的过程。

（二）目标模式的优点

在目标模式中，第一步是确定目标，它为随后的开发过程提供了明确的方向和指南。目标模式的倡导者坚持认为，如果是确定内容或方法在先，确定目标在后的话，那么确定内容或方法的过程就是无的放矢和本末倒置的过程。

（三）目标模式的缺陷

目标模式曾经遭到激烈的批评，譬如，在目标模式中，那种按照严格顺序，一个阶段接着一个阶段的直线式方法是过于死板的，脱离实际的。目标模式忽视课程开发者随时处理问题的必然性和必要性，可能影响教师能力的发挥，限制他们对教学内容的取舍范围，阻碍他们的创新思维，降低他们的教学兴趣和工作积极性。

二、动态模式

（一）动态模式的概念

动态模式把课程开发过程视为一个互动的过程，主张在课程开发过程中，确定目标、选择学习经验、组织学习经验和评价四个步骤不断地相互作用、相互影响和相互修正。动态模式认为不必拘泥于目标模式坚持的直线式做法，课程开发既可从确定目标开始，也可从其他步骤开始。

（二）动态模式的优点

比较真实地体现了课程开发的实际状况。

动态模式要求课程开发者不必拘泥于课程开发的直线式过程，允许随意改变课程开发的顺序，甚至允许多次循环往复。

面对不同的学科和不同的教学对象，应该采取不同的课程开发过程，充分体现了动态模式的灵活性。

（三）动态模式的缺陷

动态模式要求课程开发者不必拘泥于目标模式“目标——内容——方法——评价”的程序，这易于陷入“内容决定目标”“方法决定目标”的误区，导致本末倒置。

动态模式允许随心所欲地改变课程开发过程的顺序，其开发过程必然缺乏系统性、整体性和方向性，最后可能形成一套七拼八凑的课程。

有人甚至评说，动态模式是“混乱无序的”。

三、过程模式

（一）过程模式的概念

过程模式的代表人物是英国的斯滕豪斯。1975 年，斯滕豪斯出版了他的名著《课程研究与开发导论》，全面探讨了过程模式的理论。他主张在课程开发中应详细说明学习的内容。过程模式注重的是过程，而不是预先确定期望达到的行为目标。例如，教师组织学生多方位、批判性地探讨环境、战争、对人物的评价等各种问题，虽然有些问题没有结论，但通过讨论问题和参与实践的过程，学生可以形成某种能力、习惯、信念、理念或潜质。如：培养批判性思维；发散性思维和创造性思维；提高分析问题和解决问题的能力；养成认真听取他人意见的习惯等。

（二）过程模式的优点

培养批判性思维、发散性思维和创造性思维。

提高讨论问题、阐述问题、理解问题、分析问题和解决问题的能力。

养成虚心听取他人意见的习惯，接受少数服从多数的决策原则。

培养参与社会活动、为社会做贡献的愿望。

（三）过程模式的缺陷

在实施过程模式的过程中，面临的主要困难是难以准确评价学生的学业状况和对师资的要求很高。

四、环境模式

环境模式的代表人物斯基尔贝克。他认为，课程开发应该针对单个的学校和个别的教师。以学校为单位的课程开发是真正促进学校发展的最有效的方式。因此，环境模式主张，在课程开发过程中，应该根据各个学校的不同状况，对学校外部环境和内部进行全面的分析和估计。

环境模式是校本课程比较常用的模式。环境模式主要由环境分析、目标制定、制订计划、实施、评价反馈与改进五部分组成。

这种模式要求课程开发者全面、动态系统地考虑特定的环境，把课程开发与当地的社会因素、经济因素、文化因素更加广泛紧密地联系起来。它认为，这四个组成部分是一个有机的整体，操作过程可以从任何一个部分开始，也可以从几个部分同时开始。

目前，许多教育文献和教育文件仍然习惯地按照“目标”——“内容”——“方法”——“评价”这个顺序阐述课程问题，或者向教师提出课程要求，这无形中是在鼓励教师在课程开发过程中采取目标模式。这点应引起注意。

第五章　高中校本课程的管理

随着基础教育课程改革的深入，校本课程管理的重要性日益凸显。科学合理的课程管理是校本课程理念和开发转化为学校丰富多彩的校本课程与教学行为的重要保证。

第一节　校本课程管理概述

校本课程管理在一定程度上决定着校本课程开发及运作的成败，在校本课程开发体系中有着举足轻重的作用。要有效地进行校本课程的管理，我们首先要明白校本课程管理及其管理的必要性。

一、校本课程管理的含义

课程管理主要是指在一定社会条件下，课程管理者对一定课程系统的人、财、物、课程信息等进行决策、计划、组织、协调的控制，以有效地实现课程系统预期目标的活动。课程管理包含有两个问题：一是课程管理的主体，二是课程管理的内容。从课程管理的主体上说，课程分为国家课程、地方课程和校本课程三级课程管理，而课程管理的内容方面，则是对课程开发的管理、对课程实施的管理、对课程评价的管理，三者不可或缺。

校本课程管理作为课程管理的一个特殊类型，国家和地方对其进行管理是必要的，但这种管理是宏观的、政策性的、导向性的，真正的管理应该发生在学校，真正的管理者应是学校校长及学校教师，管理的内容是校本课程开发的全过程。

可见，校本课程管理就是对校本课程的管理，校本课程管理的主体主要是学校校长及教师，校本课程管理的内容是对校本课程生成的管理、对校本课程实施的管理、对校本课程评价的管理，特别是对校本课程实施的管理。

二、校本课程管理的意义

（一）有利于丰富课程管理的内容

校本课程的管理，有利于加强学校教育管理工作者对课程的认识，深化学校课程建设，形成学校课程管理体制，探索新时代国家、地方、学校三级课程的协调与补充完善，丰富学校课程管理的内容，开拓管理的渠道。

（二）决定校本课程开发的成效

影响课程实施的因素是众多的，只有把这些因素组织、协调起来，才有可能提高课程实施的质量。也就是说，课程管理是课程实施成功的保证。学校是校本课程实施的最主要场所，领导和教师对课程的实施负有计划、组织、实施、评价以及监督等职责。例如，推动学校内部各行政部门之间的组织协调能力。校本课程管理不仅仅是校长单一的行为，更需要学校教导处、德育室、教研室，包括后勤事务部门共同参与、积极构建，充分发挥团队精神，在传承的基础上不断创新，达成组织管理的和谐和创新。

（三）提升教师专业的发展水平

教师参与课程的开发和决策是提高教师专业化水平的重要手段。课程管理模式决定了教师参与课程开发与决策的程度。校本课程管理打破了教师被动执行的局面，让教师成为课程管理的主体，能够最大限度地为教师专业自主提供条件和保障，从而激发教师参与课程开发的热情，充分发挥其主体的作用和创造性。在此过程中教师加深了对课程的理解、丰富了专业知识、提高了研究能力，教师的专业化水平也得到了提高。

(四) 调动学生主动发展的积极性

根据学生成长的生理特征和心理特点，遵循学生身心发展规律，以及对他们的培养目标，从研究实施校本课程的学校个案出发，探讨培育学生人文素养启蒙教育的途径和方法，可以揭示校本课程管理的策略，获得学生主动发展的积极性因素。校本课程开发的最终目标是针对学生的个别差异，尊重差异、尊重个性，力求创建适合每一个孩子的课程，体现出个性化的特征，以满足多样化的需求，从而充分发挥学生的个性，调动学生主动发展的积极性。

第二节　校本课程管理的主体

管理分为主体和客体，即谁来管和管什么的问题，关于校本课程的管理本节就围绕这两个问题展开，首先看校本课程管理的主体系统。

一、校本课程管理的主体系统

管理是一种复杂的社会实践活动，不可能通过一人来单独进行，而必须协同一部分人来共同完成。管理系统通常是由决策人员、研究人员、执行人员和监督人员按一定方式组成的有机整体，也称管理主体系统。

(一) 决策人员

管理主体系统最高层的是决策人员，他们是具有决策权和对整个管理系统负有最终责任的领导者。其任务是确定管理目标、选择决定实现目标的某种方案。决策是一项极其复杂、至关重要的管理工作。决定决策层是由不同类型的人员所组成的决策系统，应该是由集体民主决策而成。校本课程管理的决策权应该是“学校课程委员会”，学校课程委员会的成员主要由校长和学校少数优秀教师组成。

(二) 研究人员

为使决策科学化而避免主观武断，管理组织还应该设有智囊团，提供智力支持或专业帮助。智囊团是决策层的“思想库”，专门为决策提供调查研究辅助，它的职责不在于“断”而在于“谋”。校本课程管理的智囊团主要是学科专业研究人员，教育研究的高层次人员。

(三) 执行人员

执行人员是管理主体系统中的主干部分，其任务是根据决策者的决策方案，从事制订具体计划、组织和指导操作人员贯彻执行方案。学校教师是校本课程管理中的执行者。

(四) 监督人员

为保证决策的贯彻实施，随时了解决策是否符合实际和执行部门是否按照决策执行，管理主体系统还设置了专职的监督人员，其任务是跟踪捕捉执行过程中的偏差信息，并将它及时反馈到决策层。校本课程管理中的监督人员主要是学校上级教育行政部门以及学生家长、社会人员等。

以上从课程管理理论的角度对管理主体系统进行划分，是为了明确有关人员在校本课程管理中的责任。在实际的校本课程管理中，决策人员、研究人员、执行人员、监督人员并没有明确的界限。

二、校本课程管理的主体及其责任

(一) 学校课程委员会是决策机构

学校课程委员会是校本课程管理的决策者，其主要职责是审议学校课程开发过程中的重大决策，形成《校本课程开发方案》，制定有关的开发与管理条例，检查与督导《校本课程开发方案》的执行情况。学校课程管理的最后决定由委员会集体审议做出。审议通过的各项决定由各处（室）、教研组/年级组具体执行。其主要成员由校长、各学科教师代表、学生代表、学生家长代表、社会人士代表等组成。有条件的学校可以邀请教育专家参与。其中，校长在学校课程委员会中的作用至关重要。校长对校本课程领导具有决策、组织、引导三个基本职能。其中，决策职能是高中学校校本课程领导的核心。高中学校校长校本课程领导的主要职责是：明确学校的办学理念，确定学校校本课程开发目标，组织高质量的校本课程开发共同体，营造民主、合作、学习、创新的学校文化。校长校本课程领导作用主要是课程和教学，被领导者是教师和学生，学生发展是校长进行校本课程领导的出发点和归宿，最终目标是达成学生学习质量的提高以及课程品质的提升。

（二）教导处（教学处或教务处）是校本课程管理的专门的行政机构

教导处在校本课程管理中的主要职责是计划、执行、检查、评估全校各门课程及各教研组的课程教学工作，组织协调各教研组与年级组的各项工作的关系，编制校本课程选课指导手册及学分认定标准，落实各项课程管理措施。

（三）教研组和教科室是校本管理的执行者

教研组（年级组）要根据学校的整体安排，制订好学年及学期教学进度计划、教学研究活动计划和学生活动计划；对教师教学活动进行指导，确保完成校本课程管理的各项要求；及时反映课程实施过程出现的问题及教师的教学需求；研究学生的实际情况，为课程管理提供依据；联系各学科教师之间的合作，以促进课程合力的形成。

教科室负责全校开发与实施的研究工作，负责对教师进行业务培训和指导，组建学校校本课程指导中心，受理教师课程开发的申报和初审立项工作；对教师和学生在校本课程开发与实施中遇到的问题，提供咨询和指导，针对校本课程开发与实施过程中的具体问题开展研究，及时总结和推广本校校本开发与实施的成功经验和案例；追踪国内外校本课程理论与实践的最新进展，及时向学校校本课程开发委员会提出建设性意见；协助教导处做好学生校本课程的过程管理、学分认定与评价等工作。

（四）教师是校本课程管理的主要执行者

学校教师是校本课程开发的主体，同时也是校本课程管理的主体，是校本课程管理的主要执行者。教师是学校课程的实践者，应该参与到从课程设计到课程实施、评价等各个环节，管理过程就是教师与领导共同探究课程问题的互动过程。这就要求教师不断完善自身的知识结构，首先要具备扎实的学科知识基础，要有教育学、心理学、管理学等教育科学知识及丰富的实践性知识，还要有探究问题的能力、设计和指导教育活动的能力及处理信息的能力等，不断提高自身的科研素质。

（五）学科专家、课程专家是校本课程管理智力支持者

校本课程管理的发生地是学校，参与管理的主要人员是校长和教师，但这并不排除专家在课程管理中的作用。专家，特别师范大学的学科专家和课程专家是教育研究的领头羊，他们有着丰富的专业知识和经验，是校本课程管理的主要智力支持。从理论上讲，学科专家对于本学科领域各门课程的性质、内容及其逻辑组织顺序是最有发言权的，因而邀请他们参与课程管理被视作一种理性的选择，学科专家应该成为校本课程管理的最重要的智力支持者。自从课程研究成为教育科学中的新兴研究领域后，课程的基础、类型、架构模式以及课程编制的程序与方法，已经成为课程管理中必备的专门知识。

（六）教育行政部门、学生、学生家长等是监督者

监督者把校本课程开发过程中遇到的问题及时反馈给学校课程委员会，让学校课程委员会及时对校本课程开发做出调整。监督者包括教育行政部门、学生、学生家长等。

1. 教育行政部门

校本课程开发在某种程度上也反映国家意志，校本课程开发必须在国家教育方针的指导下进行，不能脱离我国的教育目的，也不能脱离教育的客观规律，因而教育行政部门的主要职责是对学校开发的校本课程进行审核，对校本课程的实施进行考察评价。

2. 学生

学生不是课程管理的主要人员，但学生在课程管理中很重要。因为学生对校本选择的内容感兴趣的话，他的学习动机就会提高，并且能够

促进学校生活的民主化进程。学校课程委员会和教师在课程决策中要尽可能注意学生对于不同专题的兴趣，注意建立信息收集的渠道，定期跟踪学生兴趣的变化，作为进行校本课程开发的重要依据。只有学生真正参与到了学校课程的决策中，校本课程的开发才能真正满足学生的个性化需求。

3. 学生家长

学生家长对学生所接受的教育有着极大兴趣，在他们了解学校的特点、学生的需求后，他们也可以对学校的课程产生决策作用。但学生家长通常是一个零散的群体，学校应该创造一种氛围，有利于形成与家长在决定各种课程相关问题上的伙伴关系。例如，通过成立学生家长委员会等形式，定期召开会议、论坛，让学生家长也参与到学校课程的建设中来。

第三节　校本课程管理的内容

现代课程理论之父泰勒认为课程应该围绕四个基本问题展开，即学校应该达到哪些教育目标、提供哪些教育经验才能实现这些目标、怎样才能有效组织这些教育经验、我们怎样才能确定这些目标正在得到实现。我们把这四个问题看作是课程编制的四个步骤或阶段：确定目标，选择经验，组织经验，评价结果。因此，校本课程管理的内容主要有对校本课程开发的管理、实施的管理、评价的管理和资源的管理。

一、对校本课程开发的管理

（一）确定合理的校本课程目标

校本课程目标与国家课程总体目标应该保持一致，还应该考虑到学校自身的环境、特色、办学观念，以发挥优势。同时要充分尊重学生的兴趣、爱好，在广泛的民意基础上确定合理校本课程目标的生成。

(二) 确定合理的校本课程内容

校本课程内容具有非常强烈的广泛性，课程内容的选择有三条准则：一是注意课程内容的基础性，二是课程内容要贴近生活，三是课程内容要与学生和学校教育的特点相适应。校本课程内容的最终形式应是《校本课程开发方案》的形成。

(三) 确定校本课程的类型与科目

校本课程的目的是发展学生的兴趣爱好、拓宽和加深知识面、培养特长，从而促进学生的全面发展。所以，校本课程类型应该具有全面性和多元性，科目主要以丰富性课程和发展性课程为主。

校本课程生成管理中，课程管理决策系统的主要职能是依据学校的培养目标，规划和决策校本课程建设和改革，研究、制定《校本课程开发方案》和《校本课程管理条例》等，评议校本课程体系和评价课程质量，审议教师上报的校本课程纲要，决定校本课程实施和校本课程开发中各种资源的分配原则，协调教导处、教研组之间有关课程管理的各项工作。

二、对校本课程实施的管理

(一) 对校本课程编制、组织、安排和控制的教务管理

教务处应当对校本课程进行有条理的编制，依据课程方案制订各门课程的教学计划并确定相应的学分、学时，编制教学日历和课时的安排表等，让整个校本课程的实施有条理可依。并且要对教材编写及使用情况，各门课程间教师的配备，教学活动的组织和安排，教学工作常规的制定和检查，教学基本环节的常规管理以及课外、校外活动等进行安排、组织和指导等。

(二) 对校本课堂教学的管理

课堂教学是校本课程实施的中心环节，也是课程管理的重要环节，校本课程的课堂教学管理应纳入学校的日常教学管理当中。学校的校本

课程课堂教学管理要做好以下几个方面工作：

1．要重视课堂教学过程的管理

倡导教师与学生的互动，让教师发挥学生的积极性和主动性，引导学生自主学习、自主探究，进行创造性的学习。

2．学校要注重和谐的师生关系在促进学生全面发展，提高课堂教学效果方面的作用

课堂教学管理实际是在教师个人层面由教师自主管理的，学校除了要通过建立相应的教学规范引导教师教学行为以外，还需要为教师的学习和提高营造积极向上的氛围，通过学校组织文化来影响教师。

（三）对学生的管理

校本课程课由任课教师担任管理第一责任人，教学班长做好协助、记录、反馈工作。学生应根据自身发展需要自愿选择校本课程，在中学阶段，应该尽可能创造条件让学生有自主选择校本课程的机会。学生应根据学校的安排认真学习，不得随意缺课，如无故缺席或因故缺席三次，则不得参加该课程考核，并按学籍管理的有关规定处理。严重违反课堂纪律的学生，由老师提出，教务处同意可以取消其该课程的学习。学生学业成绩的管理，主要通过教师考勤情况、学生提交的作业、报告、小组评议、自我评价等给出课程成绩。

（四）对校本教学设施资源的管理

主要是对教学仪器、设备以及图书资料的配备、保管、维修和更新等，以及设施管理制度的建立、健全和执行、检查等。学校尤其要为教师现代教育技术的应用创造条件，鼓励教师改进教学手段和方法，采取合作、探究、体验、实践等多种有助于学生自主学习的方式，开展教学活动，努力提高课堂教学的效率，增强教学效果。

（五）校本课程的保障管理

开发校本课程、形成有特色的校本课程，有赖于相关条件的支撑，建立和完善校本课程开发的保障系统是必要的，为此要求有关部门做好

以下几项工作：

（1）掌握本校、本地的课程资源，可以从实际出发，因地制宜，提高校本课程开发的针对性。

（2）了解学校的师资力量，可以合理配置校本课程开发的人员队伍，明确分工，发挥课程开发者的能动作用，增强校本课程开发的可行性。

（3）规范有关制度、明确责权利的划分，可以对校本课程开发起到监控、指导、激励的作用，从而保证校本课程开发的实效性。

三、对校本课程资源的管理

校本课程开发是一个持续不断的过程，为了使后续的课程开发更进一步，应切实做好课程资源的管理工作。研究认为，建立校本课程档案库是进行资源管理的有效方法。校本课程开发的资源管理包括两个方面：一方面是指作为校本课程开发的基本条件的各种可供利用的资源的管理，另一方面是指在校本课程开发过程中所开发的课程资源及课程产品的管理，已开发的这些成果又构成后续的校本课程开发的重要资源，也是用以开放性交流的重要资源。这里所讨论的是后一方面的校本课程资源管理。

校本课程原则上由学校独立开发，也可以联合其他中学、教研机构、高等院校或科研院所等共同开发，并通过网络、教研活动等方式实现课程资源的共享。校本课程原则上不单独编写面向学生的教材，而由教师设计教学设计方案（包括教学资料、自编讲义、媒体素材等）。

（一）建立校本课程开发档案库

校本课程开发是一个持续不断的课程改进的过程，为了使得后继的课程开发更进一步，有必要建立校本课程开发档案库，以供自我反思，也供他人学习、批判、点评。

1．校本课程开发档案库内容

（1）校本开发的课程产品。如自编的教材、活页资料集、有创意的课堂教学设计、教案选集等，最重要的还应有教师的自我反思记录，如开发的课程中哪些方面令人欣慰，哪些方面还留有遗憾，该如何改进等。

（2）学生学习成果。如代表性的学生作品、获奖名单、先进事迹、荣誉称号、升学率、活动参与情况等。

（3）研究项目及成果。即在以课题研究带动校本课程开发的实践过程中的成果汇总。包括项目申请报告、研究过程、结题报告、研究成果（论文、著作、实验成果等）。

（4）重要决策。包括重要会议的原始记录，在一些重大问题上的主要争论、集体审议的决策过程等，这些有关过程的记录才是最有研究价值的。

（5）校外交流。包括参加国内外的各种交流活动的人次及内容，举办会议的次数及内容等。

（6）录像、录音资料。

（7）各项成本记录。

（8）合作的合同书。

2. 校本课程开发档案库建设中的问题

（1）建档有很大的随意性，缺少统一有效的管理，以致流失了很多的珍贵资料。

（2）只重视具体成果的建档，如自编教材、学生成绩等，忽视了开发过程的建档，尤其缺少对一些重大问题或有争议的讨论的会议记录以及采取一些重要行动的集体审议过程的原始记录。其实，这些有关过程的记录才是最有研究价值和交流价值的。如果仅有成果，那么越是成功的学校越是“不可学习”的学校。

（3）过分注重所谓的“理论升华”。有的学校为了使他们的研究项目更具有“理论水平”，竭力攀附各种相关或不太相关的理论框架，结果理论的条条框框反而掩盖了真实的研究过程，校本课程开发的校本特色也淹没在理论的语言和逻辑里。因此建议，真正的交流和研究还是从说“故事”开始，故事研究或称“叙事研究”可能才是校本课程开发研究的适当方式。

档案库的建立，可以让教师重新反思开发过程中的得与失，从而不断提高校本课程的开发质量；可以为教师的后续开发提供宝贵而丰富的学习资源，有助于形成一系列稳定、成熟的特色课程，使校本课程也能像国家课程一样井然有序地开展，并焕发出蓬勃的生命力。

（二）校本课程开发的成果展示

生活在现代信息社会中的学校应该有着强烈的获取信息的意识和能力。展示自己的成果表面上是提供信息，实际上是主动地获取信息。

1. 成果展示的意义

（1）公开展示自己的成果，必然会引起别人的注意。有了注意，随之就会有赞扬和批评，有各种不一的评论，这些评论正是深入校本课程开发所需要的重要信息资源。

（2）展示成果也是对学校教师及其他人员工作的价值和成就的一种认同，这可以增强教师们的成就感和自信心。而成就感和自信心则是持续的校本课程开发的最大的精神动力。

（3）展示成果也是一个自我反思的过程。

2. 成果展示的途径

（1）成果张贴。运用板报或墙报的形式张贴或运用橱窗或展板展示。

（2）召开研讨会。依据实力召开小型、中型或大型的专题研讨会，以展示成果，相互交流。

（3）利用新闻出版机构及电视等公众传媒。现在已有许多学校有了自己的出版物。

四、对校本课程评价的管理

校本课程评价的系统主要包括两个方面：课程本身的评价和课程效

果的评价。课程自身的评价包括对校本课程开发目标定位的评价、课程方案可行性评价、实施过程的评价等；课程效果评价主要是指学生学业的评价。校本课程的管理也主要是对这两部分的管理。

（一）校本课程自身的评价管理

1. 对校本课程开发目标定位的评价

校本课程是基于学校自身的教育特色开设的，每所学校的价值追求不同，学校与教师不能为了开设校本课程而开设，不考虑学校自身的价值追求与学生的需求。加强校本课程目标评价在一定程度上可以避免校本课程开发的粗制滥造与盲目模仿。

对于校本课程开发的目标评价可以分为对课程总目标评价与具体一门校本课程的目标评价。

（1）校本课程总目标的评价。校本课程总体的课程目标的评价，可以把上级教育主管部门的外部评价与学校课程委员会的内部评价相结合。评价主要考察下面几个维度：

①校本课程总目标与国家教育方针政策的关系；

②学校教育哲学、价值追求在校本课程总目标中的体现程度；

③校本课程总目标、学生发展需求与学习兴趣的一致性程度；

④学校教师、学生对总课程目标的认同感；

⑤总目标内在要素的协同性与发展性。

（2）具体校本课程目标评价。具体校本课程的课程目标评价是由学校课程委员会进行的，主要考虑以下几个方面的因素：

①课程目标是否与校本课程总目标导向一致；

②课程目标是否符合学生发展需求与学生学习的兴趣；

③课程目标对知识、技能、情感态度要求如何；

④课程目标是否清楚可行；

⑤目标的表述是否有层次性，能否适应不同学生的不同学习需求；

⑥各项目标之间是否协调统一，能否形成一个有机的整体。

2. 对校本课程方案的可行性评价

校本课程不是让教师编教材，而是基于一定的校本课程开发方案进行课程编制与实施的过程。因此，校本课程方案是教师编写的实施课程的一个规划和蓝图，它主要包括课程目标的制定与叙写、课程内容的选择与组织、预期的课程实施方略、课程资源的安排、对学生学业评价的方法、本课程的优势与不足的分析等内容。对校本课程方案评价的主要目的是诊断其是否成熟可行，从而对校本课程做出鉴别与选择，为进一步的课程修正提供信息，为学生进行课程的选择做出前期的质量监督。评价主体主要是课程委员会。

3. 对校本课程实施过程的评价

校本课程实施过程的评价主要是对教师的教学方法、教学态度、学生的学业进程、教学目标的达成程度等进行的评价，它也应该是形成性的评价，以利于对校本课程的方案进行不断改进、完善，对教师教学进程进行不断改进，来保证校本课程的质量。

（1）学生的评价。学生是教师教学的最直接的感受者，他们最有权对教师的教学进行评价。学生对教师教学的评价信息可以通过召开座谈和问卷调查等形式来获取。

（2）教师的反思性评价。反思性评价更加强调的是教师对于自身已有的课程理论与假定的质疑与批判。教师对自己的课程实施过程进行自我的反思性评价是一件相当困难与艰巨的工作。在这一过程中，教师要有勇气客观地正视自己已经做的课程事务，否定自己的不当之处，并寻求补救的措施。

（3）同伴教师对校本课程的评价。同伴教师的评价主要集中于对教师课程实施过程的评价。因此，同伴教师主要是通过教学观摩及课后的讨论和交流等形式来对校本课程进行评价。一般分为三个阶段：召开观摩课的预备会议、进行课堂观摩、课后讨论与交流。

在预备会议中要确定观察的重点、选择观察方法、使观察双方达成理解、实现人际沟通。在观摩期间，要根据预备会议中达成的步骤来收集信息。观察活动可针对学生或教师，也可以综合突出观察某一重点。在课后讨论与交流中，要求双方教师都对课堂教学进行思考，由观摩者提供观摩的信息，肯定成绩，指出需要改进的地方，并讨论下一轮观察和评估需要注意和改进的地方。评价不应该是批判性的，而应是建设性的。

（二）校本课程实施效果评价的管理

1. 学生学习评价的出发点

（1）立足于每一名学生的发展。评价要不断促进学生改进学习，体验探索成功的感受，感悟学习中存在的问题。学生多样的行为能够从多样的认识、视点进行评价。在学习对象中，重视每个学生价值感受的能力，即学生各自的思考、美感等的获得，允许不同的学生对同一学习对象有不同的理解。评价学生参与活动的欲望与参与状况，并由此提高学生的求知欲。

（2）立足于学生的自我认识及反思。校本课程的评价应该有利于学生对学习过程的认识，反思自己在学习过程中的长处与不足，增强自我激励的意识。

（3）立足于学生创新能力的培养。在评价的过程中应该给予学生思考的自由，鼓励学生展开想象的翅膀，让思想自由驰骋。

（4）立足于教师指导的改善。评价作为教师教学的一种手段，其主要目的在于指导上的改善。教师要懂得帮助学生发现潜能，展示潜能的指导方法和策略，从而激发学生兴趣、挖掘学生的潜能。

2. 学生学习评价的方式

学生学习评价的方式有很多，主要的有四种：自我评价法、相互评价法、表现性评价法和档案袋评价法。

（三）校本课程学分管理

学校要根据校本课程开发实施目标，制定评价准则，并在广泛征求教师、学生、家长及相关人员意见的基础上，提出改进与完善的意见与措施。学校依据本校的学分管理制度，对学生进行校本课程学分认定。

校本课程的考试可采用论文、调研报告、作品等多种形式，防止单一以笔试成绩作为评价学生和教师的依据，以充分发挥评价的激励功能，促进教师与学生的发展。

第六章 高中阶段的教育管理

第一节 学校管理的路向转换

高中阶段是学生世界观、人生观、价值观基本形成的重要时期，是学生个性才能显露、面临人生选择的关键阶段，对学生的终身发展至关重要。高中教育是基础教育的重要组成部分，肩负着在九年义务教育基础上进一步提高国民素质，满足国家经济社会发展对高层次、多样化人才培养需求的重要使命，承担着满足公民接受更高层次教育和个性化发展的任务。因此，高中阶段学校教育的改革与发展，应该立足于社会转型的时代背景，以关注学生发展的实践情怀与视野，以培养未来人才的眼光构建高中学校教育的改革目标、制度设计以及实施策略，以满足社会发展与个体发展的现实需求。

随着知识经济时代的到来和全球一体化格局的形成，人类社会正在经历着一场深刻的社会变革，而变革成为当今世界恒久不变的主题。受此影响，我国的社会结构也进入了社会转型的关键时期。在人类历史上，每一次重大的社会转型都会引起包括教育在内的社会各领域的剧烈的甚至是脱胎换骨的变化。

一、社会转型时期的教育变革

纵观教育改革的发展历程，教育改革的根本动因不在于教育自身，而在于社会经济转型与科技进步提出的客观要求。变革教育之所以必要，主要在于社会经济结构的变迁引发教育走向国际化、民主化、多元化、现代化的实际需求。

（一）全球化时代引发了教育的国际化趋势

全球化成为当代社会赖以支撑的新的政治经济轴心的同时，也逐渐成为教育改革过程的基础。教育虽然谈不上真正的全球化，但经济全球化推动了教育的国际化进程，加强了各国教育资源的交流与分享，迫使各国开放教育市场，从而形成各国都可利用的全球性教育市场。所谓教育国际化，就是加强教育交流合作，积极向各国开放国内教育市场，并充分利用国际教育市场。具体来说，在教育内容、教育方法上要适应国际交往和发展的需要，着力培养学生具有国际观念、国际意识，克服狭隘的民族主义，树立向全球服务、向全球开放的观点；培养学生具有国际交往能力，能与他国人和谐相处，尊重异国风俗，维护中国的民族尊严和法律权威；培养学生具有一定的国际知识，了解外国的历史、政治、地理、风土人情等。

（二）知识型社会孕育了教育的民主化诉求

知识型社会不但是一个高科技快速发展的社会，也是一个社会全面进步的社会。知识社会的管理结构将是建立在约定关系和个人理解基础上的扁平化的网络状结构。知识社会是一种信息社会、信息经济。这种社会管理变革对教育管理体制改革提出了严峻的挑战，要求教育管理必须适应知识社会发展的要求，创新管理模式，改变以往控制本位的倾向，确立网络化的合作协商理念，为形成多元、开放、民主的教育体系创设充分而良好的条件。

（三）经济市场化催生了教育的多元化需求

我国实行的是社会主义市场经济体制，以公有制为主体、多种所有制经济共同发展。

市场经济不仅催生了人们的教育需求，也催生了众多的利益群体。教育是一个利益冲突集中的领域，不同的人对教育有不同的利益追求，试图通过教育实现不同的目的。所以，各群体都为了各种各样利益涉足教育，应对庞大的教育需求市场。这种情况下，民办学校、教育中介组织等纷纷加盟，他们要为公众提供多样性的教育公共服务，要参与教育公共管理；公立学校也要求更多的办学自主权，也需要具备直接与市场和社会对话的空间与机制。于是，由政府单一掌握的教育权力出现了横向及纵向的变迁，即向市场和社会领域转移，同时向学校下放，教育逐步呈现出多元化、可选择的发展趋势。

（四）信息化社会推动了教育的现代化进程

教育信息化是21世纪教育改革的重要途径。所谓教育信息化，就是将信息作为教育系统的一种基本构成要素，培育和发展以智慧化教育工具为代表的新的教育能力，在教育的各个领域广泛地利用信息技术，并使之促进教育事业发展，实现教育现代化的历史进程。

二、学校变革的价值取向

社会转型使学校处于错综复杂和不断变化的背景之下，这对学校发展直接或间接地提出了新的要求与挑战。而社会的教育需求，是学校变革的基本动力。事实上，近代教育改革与发展的历史表明，任何教育改革的出发点和落脚点不可缺失学校变革这一环。学校作为实现各方教育改革理想的交汇点，面临着前所未有的生存和发展压力。在当前社会转型的关键历史时期，影响学校变革的因素日益复杂多样，为了应对社会的教育需求，学校系统必须进行相应的变革。学校已经成为开放的社会系统，每时每刻都受到多种因素的影响，在变幻莫测、混乱交错的环境中，指明学校变革的行动目标，明晰学校变革的价值取向对改革成败具有重要意义。学校变革中坚持何种价值取向决定着学校变革的性质和方向，也决定着学校变革的成败。

（一）以校为本

校本管理（School－Based Management，SBM）是发端于美国的一场国际性学校管理改革运动，是国家经济和科技发展对教育高度重视、对学校科学管理的产物。校本管理从概念上可以看作是控制结构的一种选择形式，是一种权力下放的形式，这种权力下放把具体的学校看作是教育质量和效率提高的基本单位，把决策权的分散看作是激励学校进步，并使学校可持续发展的基本手段。在财政、人事和课程等方面的一些正式的决策权力授予并分配给学校现场成员，建立由学校、教师、学生家长以及学生和社区及社区居民组成的正式的组织结构，以便使现场成员直接参与学校的决策。在我国，校本管理在操作上是由学校实施的管理活动，强调把学校作为一个整体来运作，主张教育活动“校本化”，以学校本身的特性和需要为出发点进行管理工作；强调学校作为国家、地方以及包括学校本身的指令，即由学校实施的来自各个级别的教育管理活动。

学校管理是一项复杂的系统工程，它是对过去历史的省思，对现实弊端的变革，对未来发展的展望。在校本管理模式中，管理权力由政府下放到学校，学校由权力的边缘成为权力的中心，同时必须为权力的使用及结果承担相应的责任。政府与学校之间的关系不再是服从、支配关系，而是公共管理机构与服务对象的关系。校本管理强调两个最基本的因素，即学校自主和共同决策。学校自主包括财政自主、人事自主和课程自主；而共同决策主要指学生、教师、家长和社区人员参与学校的各项决策。校本管理强调学校的整体性和独立性，学校对事权、财权、人权等拥有独立的裁决权，各项活动以学校本身的特性和需要为出发点开展，学校作为主体实施来自各方面的教育管理活动，能够更加重视学校的独立法人地位，有效提高办学效益。

此外，自人本主义思想问世并广泛应用以来，人们将管理的目光由单纯面向学校建设转向注重对人的关怀，重视发挥人在学校中的主导作用，关注教师、学生需求的满足和他们相互之间的交互作用。研究发现，群体的规范、风气，与管理部门的关系，个人的成就感等因素与生产率同等重要。当个体需求和组织需求之间不一致时，个体或组织甚至双方都会蒙受损害。当个体和组织配合得当时，双方都得益。人本化的管理方式使学校领导把管理学校的权力下放给教师，由教师讨论制定学校的方针政策，通过赋予责任，使教师有发展的机会，学校领导只对决策加以指导、鼓励和协助，这能够激励教师以新的视角来审视自身的工作，创建教师团体的共同愿景和发展理念，激发他们的工作潜力和热情。学校领导者和教师不再是单一的上下级关系和权力支配关系，而是具有共同需要和共同价值观的朋友关系和合作伙伴，教师能够积极参与学校事务的管理，有利于学校的自我完善和教师自我实现需要的满足，更能够充分发挥学生、家庭和社区对学校事务的民主参与和民主监督功能，从而调动各方面的有利资源发展学校的效能。

（二）追求卓越

作为基础教育范畴的高中教育的使命在于奠定每一个学生人格发展与学力发展的基础。唯有把高中教育定位于培养高中生的健全人格或公民基本素养，才能确立高中教育的内在价值，使高中教育走出工具化的泥沼。20 世纪的《学习权宣言》标志着世界基础教育已从传统的“精英高中”时代进入“大众高中”时代。“大众高中”强调所有学生“共同的基础教养”绝不是“平庸教育”，而是“卓越教育”。国际上对“卓越教育”的解释是：保障每一个学生的“学习权”，保障每一个学生能够达到他所能达到的发展高度，就是“卓越”，这也是新时代基础教育的定位和培育创新人才的价值诉求。

高中教育的卓越意味着平等与高质量两种品质的兼得与融合。首先，平等内在地包含了高质量，即是说为每一个人提供的均等的教育机会必须达到了特定质量要求，否则就会导致“平庸化的教育”，徒具民主的形式，不具民主的实质。其次，高质量必须以平等为前提，即是说“高质量”的教育不能只针对少数人，否则就会导致“精英主义教育”，从根本上背离教育民主。“信奉卓越”的高中教育即是民主的高中教育，其目标是“使每一所学校成功，使每一个学生成功”。这意味着 21 世纪高中教育民主具有了新的内涵：第一，使社会经济处境不利的群体获得均等的教育机会；第二，使每一个学生的个性特长得到关注并保证其实现；第三，不仅从数量上，而且要从质量上考虑教育民主，使高中教育达到卓越。

（三）强调选择

纵观世界各国普通高中课程体系，选择性是其基本特性之一。该特性贯穿于课程理念、目标、内容、结构与实施中。学生的选择又分两种情况：一是专业性选择，即在高中阶段进行专业定向；二是综合性选择，即不在高中阶段进行专业定向，而是提供多样化的必修课程与选修课程供学生选择。在我国的新课程改革中，学会选择是高中新课程一以贯之的基本理念。从课程目标的“人生规划能力”，到课程内容的“选择性原则”，再到课程结构的“多样化、有层次”，以及课程实施中的“选课指导制度”、“个人自定学习计划制度”和“学分制管理制度”，均体现出学会选择的理念。我国所采用的正是上述“综合性选择”的路向。

我们之所以强调选择，是因为：首先，选择是一种素质，选择是一种能力，个性健全发展的人即是在复杂情境中独立做出明智选择的人。其次，信息社会为人的选择素质提供了前所未有的机遇和挑战。最后，高中生的身心发展特征对人的选择权利提出了新的要求，高中生批判性思维空前发展，想象异常丰富，其人格独立感和成就体验日益增强。高中生阶段是一个需要做出独立选择，也能够做出独立选择的阶段。因此本次课程改革特别强调高中生的“独立生活能力、职业意识、创业精神和人生规划能力”。

但是，选择能力的发展是有条件的。第一，选择需要空间。为拓展学生的选择空间，大多数国家的做法是恰当处理必修课程与选修课程的关系，主要有两种策略，一是把必修课程与选修课程真正融合起来，“必修”中有选择，“选修”中有规范、有质量；二是在高一阶段主要设置公共必修课程，在高二和高三扩大选修范围。我国当前课程改革兼容了这两种策略。第二，选择需要机会。崇尚选择的课程体系必然要求学生选择机会的复数化，允许学生失败，并给学生机会以走出失败。第三，选择需要基础。课程的基础性与选择性是一个问题的两个方面，只有保证基础扎实、牢固，课程的多样性和选择性才来得有效，才不至于流于形式；而多样性、选择性本身是课程的基础性的内在要求。第四，选择需要制度保障。比如：建立学生自定学习计划制度；建立学生选课指导制度；建立学分制管理制度。

第二节　科技特色高中建设与管理方略

一、如何建设科技特色高中

（一）建立科技特色高中的指导思想，制定整体规划

在建设科技特色高中的过程中，要全面贯彻党的教育方针，全面实施素质教育，崇真尚本，以培养高素质的人才为教学目标。学校的领导班子要依照“和谐、科学、法治、效益”的工作方针，体现本校特色，争取把学校建设成为“高质量、现代化、特色明晰、国际性”的科技特色学校。

在建设科技特色学校的过程中，学校要注重提高师生的科学素养，提高师生的科学素质，培养学生的实践能力和创新精神。开设科技教育课程，要让科技内容体现出“学习化、生活化、时代化和综合化”的特点。在开展科技教育课程教学活动的时候，教师要树立新型的“互动培育”的教学观念；采用探究性的教学方法，开展自主、合作、探究的教学活动；采用发展式与多样化的评价方法，注重评价过程，而非结果。

普通高中学校要建设科技实验室，建设科普基地，为开展科技教育活动提供场地与物质支持。另外，学校要培养一批高科技素养的教师团队，这是开展科技特色学校的中坚力量，也是保证科技教育开展的必要条件。最后，学校要继续贯彻把科技教育引入课堂中的指导思想，发展学生的科技思维能力与实践能力。

（二）规范科技教育制度，明确各自分工与职责

学校可以成立科技教育特色小组，规范科技教育制度，明确小组各成员的分工与职责。这个小组要结合各个学校的实际情况，规划学校的

科技教育相关工作，指导学校各个部门开展科技教育教学活动，并检查与监督这个活动的开展过程。这个特色小组要管理特色学校建设工作中课程研发、科技活动及竞赛组织管理、校本教研及课题研究、学生科技社团指导、硬件设备保障等。

学校要根据科技特色的具体要求，不断修正工作计划。另外，为了保障科技教育的开展，学校应该让大部分教师都参与科技教育工作。除了科技教育的专业教师之外，其余学科的教师都应该参与关于科技教育的社团指导活动或讲座等，这可以加快科技教育活动的普及。

为了培养学生的科技创新能力，鼓励学生积极参与科技教育活动，学校应该多举办一些类似“科技节”的活动，展示学生的科技教育成果，营造浓烈的科技教育氛围。另外，学校应该表彰在科技教育活动中表现比较好的学生，以此来激励学生的积极主动性。

为了培养师生的科技文化素养，学校还可以举办科普讲座。“请进来，走出去”是我们追求科技教育的一个重要目标。学校可以邀请国内知名的专家或科学院院士等权威性人物举办讲座，这可以保障科技教育的质量。

（三）开发科技课程，优化教师资源

普通高中学校应该把科技教育归入教学计划，并且按照国家规定，把所有关于科技教育的课程都纳入课程计划，突出科技教育课程在内容上的学习化、生活化、时代化和综合化的特点。除此之外，学校还应该按照本校的具体特点，开展本校特色科技研究活动。学校应该要求教师定期总结科技教育活动的经验，找到阻碍科技教育发展的因素，究其根源，解决问题，从而加快促进科技教育的发展。另外，教师应该开展优质的科技教育课程，除了关注学生的智力发展，还要关注学生在情感、态度与价值观等方面的发展与提高。

学校应该优化教师资源，提高教师科技素养。一方面，学校应该引进科技教育专业能力较强的教师。另一方面，学校应该培养现有教师的科技素养，提高科技教育水平。学校可以举办培训活动，让教师参加培

训活动，还可以选派一些教师外出参观学习等。

（四）加大科技教育的经费投入力度，完善科技教育设施

要想保障科技教育活动的顺利开展，就离不开科技教育的活动场所。而科技教育活动场所的构建，离不开科技教育经费的投入。目前，我们国家在科技教育方面的投入还比较少。普通高中学校要想保障科技活动的顺利开展，就应该加大对科技教育经费的投入力度，建设科技教育活动场所，购买相关设备设施等。另外，学校要想提高学生的科技水平，还应该定期组织学生参加相关研究性活动。这些活动都离不开教育经费的支持。

学校还要利用现有的资源进行科技教育。学校可以充分利用校园宣传栏，宣传科技教育活动，及时更新相关内容。科技教育不仅要依赖课堂上的时间，还要依赖课后的时间。因此，学校应该鼓励学生利用休息时间，开展科技研究性活动。科技教育活动不仅可以在学校内举办，还可以在社区举办，以此加大科技教育的普及力度与影响范围。学校要与家长建立紧密的联系，双方都要及时掌握学生的具体情况，从而改进相关工作。

另外，教师要规范整理科技教育相关影像资料，并且保证科普教育报刊的征订。高中生的主要活动范围就是在学校，因此，图书馆、阅览室等场地就成为学生接受科技教育的主要场所。这就要求学校设立科普读物的专柜，并且及时更新书籍以及报刊等，加大学校相关图书的储存量，以此保证更多的学生能够接受科技教育。学校可以为每个班级订科普报纸或杂志，培养学生的积极性。校园电视台等也应该及时整理科技教育的音像资料，并且及时登记与更新。

（五）巩固成果，争上新高

学校在普及科技教育的活动中，要把已经取得的科技成果进行巩固、消化，保障这些科技成果能够发挥最大的功效。除此之外，学校要注意引入其他学校的先进科技成果与科技教育经验，吸收其精华之处，力求本校的科技教育得到更好的发展。

二、学校科技特色高中建设方案

学校特色是学校为了实现某一方面比其他学校优化，也比本校其他方面优化的独特的品质。根据新课程改革的需要以及我国高中发展的实际需要，科技特色高中成为近年来很多学校发展的主流方向之一。因此，高中要把全力打造科技校园确定为学校工作的重要任务之一，坚持“以改革创新促发展，用特色内涵造学校”的重要改革理念。在科技校园中，要坚持普及科技文化的精神理念，用科技创新来塑造新的灵魂，培养学校的科技文化，凸显学校的特色，以科技促进学校工作的全面开展。

（一）基本思路

在打造科技校园的工作中，要把培养与提高学生的科学技术素养作为主要目标，以普及科学技术知识为工作基础，以拉动学生的动手动脑为主要依据，以开展创新性实践活动为主要突破点，采用多样化的教学方式，建设一个以科学教育为引导，以技术教育为主要内容，以学生生活为主要方向，以实际科技项目为载体，以探究性教学活动为基本点的学校发展体系，帮助学生形成科学的创新情感、态度与价值观，使高中生能够以日常生活中的科学知识、技能与方法为基础，逐步养成科学的态度与习惯。

（二）指导思想

以科学发展观为指导，以“挖掘身边科技资源，有效开发与实施科技教育课程，营造科学与人文融合的校园文化”为目标，在学科课堂上融入科技以及科技综合实践活动。学校可以面向全体学生，举办校园科技节、智能机器人操作与制作等具有鲜明科技特色的教育活动，全面推进素质教育的深入改革，使得本校成为科技教育特色高中。

（三）基本过程

1. 四个结合

（1）科技教育要与课堂教学相结合

课堂是进行教育的主要渠道，如果科技教育离开了课堂，就成了

“无本之木”“无源之水”。因此，老师在开展科技教育的时候，要注意抓住各个学科的教材中关于科学的相关因素，比如，书中介绍某个科学家的研发成果以及为人类做出贡献的故事等。老师可以通过这些史实激发学生的学习兴趣。另外，老师要引导学生勇于质疑，以教材内容和高中生的心理状态为出发点，设计一些启发性较强的问题，创设探究问题的情境，激发学生的探索欲望，培养他们科学探索的能力。

（2）科技教育要与科学课程紧密结合在一起

学校要加强科技教师的常规管理，改善科学课的形式，要尽量实现学生在“玩”中学，在“动”中学，在“游戏”中学。科技课堂要注重六个点：教学内容重体验、教学过程重兴趣、教学方法重灵活、知识传授重能力、科技活动重延伸、发展能力重主体。

（3）科技教育要与实践活动相结合，发挥主体与载体的作用

学校在建设科技特色的时候，可以整合本校的校本教育实践，发挥自身优势，营造科学技术的学习氛围。学校可以聘请科技人员和专家来担任学校科技活动的总军师，指导本校的科技建设工作，并定期面向全体老师与学生开展科普讲座活动，加快科技教育的普及速度与力度。学校还可以鼓励学生自行组建科技团队，成立科技阅读、制作、游戏、信息制作等方面的兴趣活动小组，并积极展开科技教育活动。除此之外，学校还可以利用农村的资源来开展科普宣传和实践活动。比如，利用世界无烟日、世界水日、环境日等。在世界水日，学校可以鼓励学生开展监测家乡水资源的活动；在环境日，可以开展杜绝垃圾污染环境等活动，延伸科技教育的宣传范围。

（4）科技教育与读书活动结合起来，发挥主形式作用

学校要充分发挥读书先进团队的作用，引导本校师生积极开展科技读书活动。学校除了要自己购置图书以外，还应该鼓励学生自己买一本关于科技的书籍，并且做好“三读”：自己读、交换读、领着读。通过“三读”，学生们可以走近科技，并且可以从科技学习中获取乐趣。

2. 科技教育活动步骤

(1) 开展以“感悟科技文明”为主题的宣传活动

每个班级都有出示黑板报的权利，老师可以与学生合作，一起设计关于科技的黑板报。除此之外，学校还可以通过悬挂横幅、张贴科学家画像、举办科技照片展览、布置科学家的名言警句等，营造出比较浓烈的科技学习环境。学校还可以利用本校广播播放关于科技教育的内容。另外，学校还可以组织一些科技水平比较高的老师根据高中生的心理、生理特点和认知规律，研发一些关于科技的校本课程。老师可以组织学生进行科技读书活动，为学生普及一些科学家的故事，让他们了解这些科学家为人类所做出的贡献，从而传播科学精神。

(2) 开展以“探寻科技文明”为主题的科技探究活动

这里的科技探究活动包括科普知识竞赛、科普征文竞赛、读书报告会、科普手抄报比赛等活动。这些活动都具有一定的探究性，可以让学生通过身边的事物进行科技创作，激发学生学习科学的兴趣，培养科学探究的习惯，研究科学探究的策略。

(3) 开展以“开创科技文明”为主题的科技实践活动

学生的制作活动应该在老师的指导下进行，包括按照既定的方案积极进行制作和创新性制作。学校可以以青少年科技创新大赛为平台，鼓励学生参赛，从而让学生接受科技教育。

(4) 开展以“展示科技文明”为主题的科技展示活动

学生通过制作与参与科技实践活动，感受科技成果，享受探究的喜悦。尤其是高中生在制作出比较优秀的科技作品之后，会极大地调动自己的创作热情。

3. 四个重视

(1) 重视教育基地的开发，为科技教育提供场地与环境

在开展科技教育活动的时候，学校要创设一种科技教育的环境，让学生能够在学校的一草一木、一字一画中感受到科技教育的氛围。

（2）注重开展主题活动，使科技教育“活动化”

丰富多彩的科技活动，能够激发学生的创新力与想象力，培养学生的好奇心。学校要利用每一块可开发的阵地，展开丰富多彩的读书活动，并且可以通过举办科技主题的演讲、征文、故事会和读书交流会等，让学生能够简洁明了地把这些科技读物介绍给其他同学。另外，学校应该围绕“科技制作、科技发明、科技实验、科技论文”这一主题开展各种活动，培养学生的科技意识与创新能力。

（3）重视开发校本课程，使得科技特色“课程化”

挖掘本地、本校的教育资源，开发具有本校特色的校本文化课程，建设科技校本课程。学校在阅读启蒙课、阅读交流课、读物推介课等探究活动中，为学生提供大量的科技知识。这样能够实现“在积累中探究，在探究中创新，在创新中进步”。

（4）重视激励，使得科技特色“持续化”

学校与老师要及时检查学生的阅读与学习科技的情况，巩固学习成果，促进学生积极主动地参与科技学习活动，让学生珍惜这类教学活动。为了达到这一目的，学校可以制定课外阅读量表、考级办法以及必考必读书目和推荐书目，安排摘记会和体会卡，推荐读书小窍门等。在每个学期的期末，学生都应该针对这一学期的学习成果，评价自己所学到的科技知识。对一些学习成果比较好的学生，学校与老师要赋予他们“科技小能人”“科技小博士”“创新大王”“未来科学家”等称号，肯定他们的学习成果，鼓舞学生的“学习士气”，让他们可以保持对科技学习的兴趣。

开展科技教育活动，还需要以下四个方面的保证：

第一，财力保证。学校建设图书馆、科技活动基地等，都需要资金的支持。因此，如果学校要进行科技特色学校的建设活动，就必须保证有足够的财力支持。

第二，制度保证。落实科技教育建设的目标需要制度规范，这个制度可以评估科技建设活动。除此之外，科技教育制度还应该包括调查与反馈、补救措施、各个部分的管理等，并保证每个环节的正常运行。

第三，技术保证。学校可以邀请一些在科技教育方面取得突出成就的专家、领导以及相关科协或科研机构提供指导，保证本校开展的科技特色建设活动是正确的。

第四，队伍保证。学校应该有计划地面对全校老师开展科技教育的培训工作，组织本校老师学习一些科技教育建设经验，并且通过参观、观看影像资料、聆听讲座等方式，加大全校老师的科技教育力度，培养科技教育建设骨干力量，提高全体老师的科技教育素质。

开展科技教育建设学校的活动的基本做法主要有：

第一，积极认真开展科技兴趣小组的各项活动；

第二，加强对教师队伍的培训，提高教师的科技素质；

第三，筹备教师学生代表，参观科技馆，接受科技教育；

第四，开展多样化的活动，激发学生的科技学习兴趣；

第五，开展益智性游戏，主要是以学生感兴趣的游戏方式为主。

(四) 开发科技特色高中校园的资源

1. 挖掘校内科普资源

科学教育实验告诉我们，创设良好的科学教育环境能潜移默化、行之有效地影响学生的行为与情感，陶冶情操、磨炼意志，激发他们科技实践活动的兴趣，真正发挥环境育人作用。因此，高中学校应该主动挖掘校园这一阵地在科技教育中的积极作用，对学生有机渗透科学教育。

(1) 开发校本资源

各类校本课程可以培养学生的科学素质，培养学生科学探究的方法。科学教育的重要目标就是向学生传授科学探究的方法，让学生在实验研究中自己提出问题，做出假设，设计实验，得出结论，并初步运用。所以，我们应充分挖掘实验器材在科学课堂教学中的作用，让学生在课堂内尽量多地进行科学探究，在“玩”中取乐，乐中有悟，并努力把这种研究延伸到课外，引导学生自己发现问题，自觉开展探究。

这样的教学不仅使学生获得了科学知识，而且极大地激发了他们探究科学奥秘的兴趣，使他们乐于学习。

（2）依托校内基地

①利用学校实验室开展科普教育工作

科学的对象是认识自然，科学是对客观世界的认知体系。科学实验是自然科学中各门类课程的一个重要教学环节，没有实验也就没有科学。实验教学是学生在教师的指导下独立自主地获取知识的学习过程。与课堂教学相比，学生在实验教学中具有更大的独立性、自由性和探索性。实验教学可以培养学生的观察能力、独立操作能力、分析判断能力以及对研究过程和结果的表达能力。各个学科中凡是可以亲自操作的实验，都应该在实验室中让学生参与进来，真正做到让学生亲力亲为。

实验室中有各种动植物的标本、各种矿物和化学物的标本以及很多实验用的工具、仪器等。除在课堂中利用这些资源外，我们还利用学校的班会和活动课，组织学生参观实验室，由实验室老师讲解。这样做既增长了学生的科学知识，又能让学生深入了解科学，更加热爱科学，增强学生对科学的兴趣和求知欲。

②利用学校生物园基地进行科普教育

一般情况下，高中学校都有较为完善的绿化，这些绿化基本是为完善生态布置的。在进行科普教育和科学课的课堂教学时，我们可以将学生带入学校的绿化场所，让学生观察学校的植物及其生态环境，了解植物的特点、生长繁殖的过程、所需的基本生存环境等基本科学知识，同时教他们学会观察、记录、分析等科学方法。由于学生亲身经历了整个探究过程，在科学的情感态度价值方面也有了较大的收获，他们能够正确认识生命并珍惜生命。

③利用学习阵地进行科普教育

学校主动挖掘各种宣传阵地在教育中的积极作用，千方百计地利用班级有限的空间建设好“班级科普图书角”“班级生物角”。学校还可利用图书馆、阅览室，对学生进行课外知识的补充。

2. 整合校外科普资源

(1) 整合家庭优势资源

父母是孩子的第一任老师，是学生校外学习的组织者。我们应有效利用学生家长等人力资源，发挥学生家长各自的优势，让学生在家长那里学到更多的科学知识和技能。同时，学校要求家长为孩子营造一个良好的家庭环境，让每个学生都生活在一个学习型的家庭氛围中。

(2) 依托校外社会资源

①发挥科技馆教育功能

科技场馆具有很强的科普功能，通过展览、演示、讲座、影视和参与操作等形式，向广大学生传播科技知识、科学方法和科学精神。

②突出校外教育基地辅助功能

为了丰富学生的课余生活，开阔学生的视野，增长学生的知识，提高学生的社会实践活动能力，更好地让学生懂得文明，了解科学，认识科学，走近科学，教育主管部门应策划或开设科普教育平台，让高中学校的工作更加方便和有实效。学校应高度重视科普教育活动，制定具体实施方案，将教育活动纳入校本培训计划和学期工作计划，确定专人负责，指定具体部门组织实施，确保教育活动落到实处。开展科普教育活动期间，其实施方案、组织机构、活动动态信息等相关材料要及时上报，并且学校也要给予经费和车辆的保证，让学生的外出学习参观得到物质保证。

3. 开展多彩科技活动

开展多种形式的科普活动和社会实践，有利于增强学生对科学技术的兴趣和爱好，使他们初步认识科学的本质以及科学技术与社会的关系，培养他们的社会责任感以及交流合作、综合运用知识解决问题的能力。

（1）积极参与青少年科技创新大赛

每年定期组织青少年科技创新大赛，为学生提供一个自我展示的平台，让学生在自我操作以及参观别人的作品中产生创新思维。

每学年定期邀请科学家演讲团到学校传播科技知识，以提高学生的科学素养。

组织学生全员参与学校的科技创新大赛活动，让每个学生都有展示自己才华的平台。

组织学生参加并参观每年一度的镇级、区级青少年科技创新大赛。以科技创新大赛为平台，使学生在自我锻炼中学到更多的科学知识和技能，使学生的科学素质得到提高。

（2）积极开展学校科技节活动

学校为进一步推动科技活动的蓬勃发展，提高学生的科学素养和实践能力，可以在学校范围内形成浓厚的爱科学、学科学、用科学的科技氛围，全面推进素质教育，并举行科技节活动。内容可以涉及多个方面，比如，科幻绘画大赛、科学小论文比赛、“高空坠蛋”挑战赛、手掷纸飞机模型留空时间比赛、科普黑板报评比、四驱车计时赛、小制作（小发明）比赛、电脑组装大赛、科技游乐园活动等。这些活动有助于活跃校园气氛，丰富学生的课余活动，进一步激发学生学习科技实践的兴趣，培养学生良好的信息素养，把科技实践与信息技术知识融入高中教学之中。

（3）开展科技主题的综合实践活动

科学精神或科学素质的培养，要从学生感兴趣的或比较熟悉的现象入手，给他们提供参与探索和研究的机会，让他们在这个过程中亲自实践，去搜集证据，整理、加工和应用各种信息，寻找解决问题的途径和方法；使他们在这个过程中锻炼科学思维，学习科学方法，培养科学态度和树立科学思想、观念、精神，全面提高他们的科学素质。

科普资源无处不在，只要我们善于挖掘和利用，学生的科学素养一定能得到更好、更快的提高，学校也一定能够成为科技教育特色名校。

(五) 建设科技特色高中校园的基本步骤

1. 建章立制，把科技创新教育归入课程教学

学校创建科技特色高中的宗旨是培养青少年的创新精神和实践能力，鼓励优秀学生开展科技创新实践活动。随着素质教育的不断发展，我国开始重视科技特色高中的建设，很多学校加大了科技教师培训与科技教育资金的投入力度，鼓励全校师生都参与科技创新教育活动。另外，很多学校也把科技教育视作学校领导与教师主要研究的课程。

2. 利用课堂教学，培养高中生的科技学习兴趣

青少年的科技创新活动与课堂教学密切相关，并不单指课堂之外的活动。高中生要想开展科技创新活动，就必须具备牢固的科学文化知识，这是实现科技教育的基础因素。教师应该从实际教学出发，结合高中生的身心特点，加强训练学生的科技创新能力。学校要充分肯定教师的劳动成果。教师的科技教育成果应该成为评职称、升职等的主要指标之一，学校还应该为教师提供一些物质或者精神方面的奖励。教师在鼓励学生发明创造的时候，要对学生进行普及专利与科学创新方法教育，并为学生提供一定的指导。教师要充分发挥高中生的创造积极性，这可以激发他们对科技创新的兴趣，也能培养与提高学生的创新精神和创造能力。

3. 鼓励学生亲自动手操作，激发学生的科技创新欲望

在科技教育与创作中，教师要鼓励学生勇于提出自己的想法，还要肯定所有有价值的想法，并且指导学生进行创作。如果学生在创作中遇到困难，如材料缺乏、技术能力不过关等，教师都应该给予适当的点拨。整个创作要以学生为主，这可以让学生们感受科技创新成果，感受科技的魅力，更好地提高学生的学习积极性。

4. 联系地域文化和生活实际，培养高中生的实践能力

科技教育的范围十分广泛，并且随着当今社会科技的不断发展，科

技教育所涵盖的范围也越来越广泛。因此，教师要鼓励学生多参观本地的科技馆，或者参与科技方面的教育培训，让高中生能够及时更新科技教育信息。生活之中随时随地都可以有科学，教师应该与学生一起合作，开展多样化的科技创新实践活动，让学生通过实践活动进一步了解科技的伟大之处。

另外，科技教育活动还要走出课堂，延伸到课堂之外、校园之外，与学生的实际生活紧密联系在一起。在生活中培养学生的科学实践能力，可以让学生通过实地考察，进一步锻炼他们的动手能力，养成严谨、周密的科学态度。

5. 开展科技活动，展示科技创新成果

学校应该为学生提供展示科技创新成果的平台，为此，高中学校可以定期开展校园科技节，让学生能够把自己的“科技成果”展示出来，并且通过与其他学生的比较，明白自己的创新以及不足之处，不断完善自己的作品。这也可以让学生通过交流创作思路，拓展思维，得到新的创新启发。对于一些表现比较好的学生，学校与教师要给予肯定与表扬。

创新是一个民族的灵魂，虽然我国建设科技特色教育起步较晚，还面临着很多挑战，但我们依然要坚持走科技创新的道路，培养高中生的科技精神，提高他们的科技水平。

第三节　高中教育的目的与管理目标

一、高中教育的目的

（一）高中教育目的的基本认识

高中教育是一种培养人的社会实践活动，在这一活动中，我们要考虑：培养什么样的人？为谁培养人？这关涉教育目的和宗旨。目的性是教育活动的最基本特性。

教育目的是教育工作的出发点和归宿。教育机构和教育者总是按照特定的教育目的去计划和安排自己的工作，学习者以教育目的作为自己的发展目标和努力方向，国家和社会总是按照一定的教育目的作为依据和标准，来对教育过程和教育质量进行检查、评价。在实践中，教育目的支配着人们的教育观念和行动，对教育实践具有重要的引领和控制作用。

1. 高中教育目的的形态

高中教育目的有广义与狭义之分。

广义的高中教育目的，是指任何一个参与和关心教育的组织或个人，对受教育者通过教育达到的预期结果的理解与期待。由于人们利益立场和思想观念的多样性和差异性。教育事业发展和工作开展，应当关注人们对教育目的的不同理解和培养什么人所寄予的期望，统一思想认识，树立符合时代发展以及党和国家要求的教育观念。

狭义的高中教育目的，通常由国家对于高中教育所培养的人的素质要求的总体设想与规定决定。各级各类教育的培养目标、学校的育人目标、各类课程的课程目标以及教师的教学目标，都必须努力符合和体现党和国家所确立的教育目的。这种高中教育目的具有法定性和权威性，因而便成为一个国家制定和推行的教育方针的重要组成部分，对不同组织和个人的教育目的起着指导、调节和统摄作用。

2. 高中教育目的的主体

在高中教育体系中，学校是国家和社会为实现高中教育目的而设立的专门高中教育机构，教师是履行高中教育、教学职责的专业人员，承担教书育人，培养社会主义事业建设者和接班人，提高民族素质的使命。根据《中华人民共和国教育法》规定，学校及其他教育机构应贯彻国家的教育方针，执行国家教育教学标准，保证教育教学质量；教师应贯彻国家的教育方针，遵守规章制度，执行学校的教学计划，履行教师聘约，完成高中教育教学工作任务。

在现代社会，经济活动、政治活动、文化活动、社会活动以及家庭生活，都与高中教育发生着千丝万缕的联系，成为社会生活和家庭生活目的的重要组成部分。党和国家规定的高中教育目的不仅要指导学校和教师的高中教育、教学活动，而且校外高中教育机构、家庭和社会也要更新高中教育观念，贯彻党和国家的高中教育目的。

3. 高中教育目的的内涵

简言之，高中教育目的是国家和社会对教育所培养的人的素质要求和价值导向的总的设想与规定。它由两个基本部分构成，解决高中教育要“培养什么人”“为谁培养人”这些根本性的问题。前者是对高中教育所要培养的人的素质所做的规定，即学习者在知识、能力、品德、体质、审美等方面，应当形成怎样一种发展的结构，达到何种水平和规格。后者是对教育所要培养的人的人生理想和人生价值所进行的一种导向与要求，反映着人的思想和行为的一种个性特征和社会倾向性。它是学习者处理个人价值与社会价值以及人的发展与社会发展之间关系的一种基本原则。

（二）高中教育目的的价值取向

高中教育目的是一个主观的意识范畴，持有高中教育目的的主体具有复杂性和规范性。高中教育目的的制定及其对教育活动的影响和作用，是个异常复杂的理论和实践问题。教育目的的确立，是国家和社会对其成员的素质要求和价值导向在人们思想意识中一种能动反映的产物，必然受到人们的利益立场和思想观念的制约。因而，高中教育目的体现着人的一种价值取向。有的人主张高中教育应当主要满足国家和社会需要，把人培养成一个合格的社会成员；有的人则主张高中教育主要应当促进人的个性和谐发展和经验的不断完善；有的人主张高中教育应当教人掌握更多的普通知识，提高普通人的文化素质；有的人则主张教育应当培养具有操作能力的人，对他们加强职业技能和技术方面的训练；有的人主张高中教育应当为当下社会服务，维护现有的社会秩序和制度；有的人则力求高中教育要为推动社会改造和发展服务，力图改变社会的现状；有的人则注重从现实功利出发，培养人的经济能力并谋求经济效益。由于高中教育目的的提出者和持有者各自不同的利益立场和思想观念，也就形成教育目的不同的价值取向。

1. 社会本位论

“社会本位论”主张高中教育应当以社会需要为出发点和根本，将一定社会对其成员的素质要求和价值导向作为教育目的，并以此开展教育活动。

社会本位论注重知识教育的社会职能和教育目的的社会制约性，注重培养人的社会性，符合社会要求，而完全割裂了人与社会的关系，忽视人的自身需要、个性发展和价值实现，将人培养成为社会工具。

2. 个人本位论

“个人本位论”主张高中教育目的应当以个人需要为立足点和归宿，根据个人自身发展和完善的需要来制定教育目的，开展教育活动。

个人本位论持有者之间也存在一定的差异。卢梭的“个人本位论”主张教育目的所培养的“自然人”是与“国民”相对立的，旨在揭露和反抗当时的法国专制制度和国家，成为一个独立自主、平等自由、自食其力地摆脱封建羁绊的资产阶级新人。裴斯泰洛齐主张人是由动物性、社会性和道德性三种相互依存的属性构成的，因此高中教育目的不仅要培养自然人，同时也具有社会的目的，既要符合人的天性，也要将人纳入社会秩序的轨道，授予人谋生的本领，促使人提升自身的道德水平，从而对人的发展和社会改良发挥双重作用。

个人本位论把人视为高中教育目的之根本，在人类历史及高中教育发展中不乏进步意义，促进了人的自由和个性解放，提升了人的主体价值。然而，这一理论往往带有浓厚的唯心主义色彩，无视人的发展与社会的关系，甚至把人的需要和价值与社会需要和价值对立起来，在现实中容易导致个性、自由和个人主义的绝对化、激进化。

3. 生活本位论

“生活本位论”试图打破社会本位论与个人本位论之间的分歧与对立，进而将高中教育目的的两方面价值统一于人的生活。学者杜威认为，高中教育过程有两个方面：一个是心理学的，一个是社会学的。它们是并列的，哪一个也不能偏废；否则，不良的后果将随之而来。由此，他提出三个著名的论断。一是“教育即生活”。他认为，教育过程就是一个经验不断改组、改造和完善的过程，高中教育就是学生现在生活的过程，而不是将来生活的预备。因此，高中教育应当为学生提供保障生长和生活的条件。他强调“生活就是发展；而不断发展，不断生长，就是生活”。没有教育即不能生活。所以我们说，教育即生活。二是“学校即社会”。在他看来，教育既然是一种社会生活过程，那么学校就是社会生活的一种形式，将现实生活加以简化，使得每一所学校都成为一个雏形的社会，呈现学生现在的生活，进而通过这种“小社会”的活动保证大社会的和谐。“只有当学校本身是一个小规模的合作化社会的时候，高中教育才能使学生为将来的社会生活做准备。”三是“从做中学”。即学校的教学应当从学生现在的生活经验出发，从自身活动中进行学习。

基于此，杜威认为，教育的一般目的就是改造社会中的人，使人适应社会的需要。这种目的必须以个人固有的活动和需要（包括天赋的本能和后天的习惯）为依据，因而这目的是具体的，而不是某种统一的高中教育目的；高中教育的目的应当与人的经验密切联系，而不是外加的。在这种环境中，人的能力得到有组织而又自由的发展。他反对从外面强加给高中教育活动以某种目的，因而这种主张又被称为“教育无目的论”。杜威的教育目的论不是使学生为了一个遥远的未来做生活预备，也不是为潜在能力的显露和社会品德的形成，而是对于社会中的人的经验继续不断地进行富有社会意义的改造，试图使个人自由的充分发展与社会需要的充分满足有机结合和统一起来。然而，杜威的这种努力不能说是成功的。

(三) 高中素质教育理念与实施

现阶段我国高中教育改革发展的战略主题，就是坚持以人为本、全面实施素质高中教育。素质教育是我国改革开放实践尤其是高中教育改革深化与发展在教育理论和思想上的产物，是党和国家以及广大高中教育工作者探索出的当前及今后一个时期全面贯彻党的教育方针、实施全面发展教育的有效实践形式。

1. 高中素质教育的理念与特征

(1) 高中素质教育的理念

素质教育是针对应试教育倾向提出的一种高中教育理念和高中教育模式。所谓应试教育又称升学教育，是指高中教育实践中客观存在的偏离了受教育者和社会发展的根本需要，单纯为应付考试、争取高分数，以知识灌输为方法，片面追求升学率的一种倾向。应试教育不是对我国现行基础教育的概括，而是对其中存在的单纯以应试升学为目的而产生的诸多弊端的概括。否定应试教育，不是要否定现行的高中教育，也不是要取消考试。应试教育主要面向少数学生，忽视大多数学生的发展；偏重知识传授，忽视德育、体育、美育和生产劳动教育；忽视能力与心理素质的培养；以死记硬背和机械重复训练为方法，妨碍学生生动、活泼、主动的学习，使学生课业负担过重；以考试成绩作为评价学生的主要标准甚至作为唯一标准。挫伤了学生学习的主动性、积极性和创造性，影响了他们全面素质的提高。应试教育违背了《中华人民共和国教育法》的原则，偏离了我国的高中教育方针。因此，必须采取有力的措施，全面推进素质教育，使中学摆脱应试教育的束缚。

素质教育是以提高民族素质为宗旨的教育。它是依据《中华人民共和国教育法》规定的国家教育方针，着眼于受教育者及社会长远发展的要求，以面向全体学生、全面提高学生的基本素质为根本宗旨，以注重培养受教育者的态度、能力，促进他们在德、智、体、美等方面生动、活泼、主动发展为基本特征的教育。从教育学意义上说，素质教育就是培育、提高全体受教育者综合素质的教育。

一般来说，素质即人所具有的维持生存、促进发展的基本要素，它是以人的先天禀赋为基础，在后天环境和教育的影响下形成并发展起来的内在的、相对稳定的身心组织结构及其质量水平。人的素质是先天禀赋与后天习得的统一体。只强调前者，往往忽视后天教育和实践的重要作用；只强调后者，又会给人的素质发展带来危害。人的个性既有自然性的一面，受到遗传因素的影响，又有社会制约性的一面。人的素质具有构成要素及其结构上的一致性，与社会发展的要求是内在相通的；同时，人的素质又是各具差异的，展现出丰富多样的个性特点。素质教育为实现人的素质的不断开发与优化组合，构建符合社会发展要求和个体自身个性的素质结构，促进人的全面、生动、活泼发展奠定坚实基础。

（2）高中素质教育的特征

第一，高中素质教育是面向全体学生的教育。素质教育针对“应试教育”只重视部分升学有望的学生而过于强调教育的选拔性和淘汰性的特点，坚持面向全体学生，公平、平等地对待每一个学生。因此，素质教育要求政府和教育主管部门应当依法保障全体受教育者平等的受教育权，促进教育公平，为其提供更加公平、更有质量保障的教育机会。

第二，高中素质教育是促进学生全面而有个性发展的教育。素质教育基于人的素质、潜能本身的整体性与丰富性，实施德、智、体、美全面发展教育，使人的素质潜能得到充分开发和发展；同时，素质教育更是适应我国现代化建设对创新人才和劳动者素质的要求，促进学生全面而有个性的发展，满足经济社会发展对高质量、多样化人才的需要。

第三，高中素质教育是以立德树人为根本的教育。人的素质形成与发展不是孤立的、单独的存在，更不是各种素质的数量集合或叠加。素质结构是一个复杂的系统。素质教育可以将人的遗传素质、生存环境的状况、生活经验和态度情感及个性等结合起来，形成一个人独特而又完整的素质结构，从而使学生学会做人、学会求知、学会劳动、学会生活、学会健体、学会审美，为培养他们成为有理想、有道德、有文化、有纪律的社会主义建设者和接班人奠定基础。

2. 高中教育开展素质教育的途径和方法

高中阶段教育是学生个性形成、自主发展的关键时期，应当注重培养学生自主学习、自强自立和适应社会的能力，克服应试教育倾向。高中阶段教育要深入推进课程改革，全面落实课程方案，保证学生全面完成国家规定的文理等各门课程的学习；创造条件开设丰富多彩的选修课，为学生提供更多选择，促进学生全面而有个性地发展；积极开展研究性学习、社区服务和社会实践；建立科学的教育质量评价体系，全面实施高中学业水平考试和综合素质评价；建立学生发展指导制度，加强对学生的理想、心理学业等多方面指导。同时，应促进办学体制多样化，扩大优质资源；推进培养模式多样化，满足不同潜质学生的发展需要；探索发现和培养创新人才的途径，鼓励普通高中办出特色；鼓励有条件的普通高中根据需要适当增加职业教育的教学内容，探索综合高中发展模式，采取多种方式，为在校生和未升学毕业生提供职业教育。

二、高中教学管理的目标

目标是领导管理活动的出发点和归宿。认识和掌握教学管理目标，是对学校教学工作进行科学管理的必要前提。

（一）高中教学管理目标的含义和意义

1. 高中教学管理目标的含义

所谓目标，是指“想要达到的境地或标准”。高中教学管理目标，就是学校通过对高中教学工作的管理所要达到的境地或标准。高中教学管理工作包括很多方面，如对教学工作的组织安排，对教学物质条件的准备和使用，对教学效果的检查和评估，做好编班、排课表、管理学籍等行政工作。要将这些工作做到令人满意，开展这些活动要取得最佳效果，这就是高中教学管理所要追求的目标。总的来说，我们可以给高中教学管理目标下这样的定义，即高中教学管理者通过对高中教学主体、客体的管理（主要是合理地组织安排人力、物力、财力），充分调动和发挥其积极作用，以提高高中教学效益和高中教学质量，最终达到学校的培养目标。

2. 高中教学管理目标与教育目标的关系

学校的教育目标一般是由党和国家做出统一规定，并且通过制定教育方针体现出来的。

高中教学管理工作是学校工作的一个重要组成部分，它的目标是衡量学校高中教学管理工作优劣的标准和尺度。毫不例外，它最终也必然服从和服务于学校的教育目标。由此可见，高中教学管理目标和教育目标之间有着内在的必然联系，两者是一致的。高中教学管理目标的确定以学校的教育目标为主要依据，并且是服从和服务于教育目标的，而学校教育目标的达到，又是以高中教学管理目标的实现作为重要的前提的。

3. 确定高中教学管理目标的意义

高中教学管理目标的确定，对于实现党和国家规定的教育目标，提高学校教学管理的水平，调动教职员工的积极性都有着十分重要的意义。

（1）制定高中教学管理目标是实现党和国家确定的教育目标的有效途径

党和政府根据我国的实际情况所确定的教育和培养下一代的战略目标，是学校一切工作的出发点和归宿。学校的主要工作就是教学工作，如何通过我们的教学培养出一代有理想、有道德、有文化、有纪律的社会主义事业的建设者和接班人，这与高中教学管理有密切的关系。那么，高中教学管理工作到底做到什么程度，沿着什么轨道前进，达到何种状态才能实现党和国家规定的教育目标，这就要求每个学校都要根据本校的实际，制定出高中教学管理目标。有了高中教学管理目标，就能够引导全校的师生沿着正确的轨道前进，实现教育目标；反之，就会偏离轨道，教育目标的实现就无从谈起。

(2) 制定高中教学管理目标是提高学校教学管理水平和管理效能的重要手段

目前，中学实行的是校长负责制的管理体制。制定高中教学管理目标，就是要求从校长到教职员工都按照自己的职责，有效地、协调地完成共同的高中教学任务。

一所学校的教学管理目标一经确定，在实行过程中，目标层层分解，逐层落实，把每个人的工作目标与学校的教学管理总体目标结合起来，紧紧围绕着总目标而展开，形成目标连锁体系，使每个成员都清楚地了解自己在目标管理中应做什么、做多少、什么时候去做、应该达到什么标准。这样，才能在整个高中教学管理过程中，做到事事有人管、人人有专责、办事有标准、检查有依据，克服过去那种办事靠个人主观意志、随意性大的不良现象，从而提高管理水平。与此同时，学校也只有制定出一个明确、具体、切实可行的高中教学管理目标，才能正确引导学校每个成员沿着正确的轨道前进，提高工作效率以及整体的管理效能。一般来说，目标方向正确，工作效率就高，管理效能就好。如果目标方向错误，工作效率就低，管理效能就差。因此，学校管理者不能只停留在简单地制定出高中教学管理目标的水平上，而应该追求一个符合实际的正确的高中教学管理目标，从而有效地提高工作效率和管理效能。

(3) 制定高中教学管理目标有利于调动教职员工的积极性、主动性和创造性

高中教学管理目标是由学校管理者与全体教职员工共同讨论、研究、制定的。现代管理心理学研究表明，教职员工在目标管理决策中的

这种参与感，以及他们在目标制定中所具有的发言权，使得他们的自尊心得到了满足，大大激发起他们对工作的积极性、主动性和创造性，从而使他们以主人翁的姿态满腔热情地投入工作中去。与此同时，由于高中教学管理目标的制定，是以全体教职员工为对象，以提高他们的工作能力和抱负为中心的，因此在目标分解，逐层落实，把职责、任务落实到个人的时候，要求每个教职员在接受任务、制定个人目标的过程中，努力反映出自己的工作能力，充分发挥自己的聪明才智，加强自我目标管理，强调个人工作实绩。这样才能有力地促进教职员工工作能力和政治、业务素质的提高。

（二）高中教学管理目标的制定、实施与评估

1. 高中教学管理目标的制定

制定目标是主客观条件的统一过程，即主观的需要以及主观条件与客观环境的有机结合。因此，在制定高中教学管理目标时，必须注意以下几点。

（1）要以党和国家规定的学校教育的培养目标为依据

实现学校教育的培养目标，是学校的各项工作、各个部门共同的目的任务，而制定和达到高中教学管理目标，都是为实现学校教育的培养目标服务的。所以，制定高中教学管理目标不能与教育培养目标相背离。

（2）要以科学理论为指导，以对未来预测为根据

科学理论可以帮助学校管理者认识到在高中教学管理中，应做什么，不应做什么，使其目标制定得科学、合理，使整个高中教学管理工作能按照教学规律健康地向前发展。因此，要求学校管理者要认真学习和掌握马列主义有关教育方面的理论，学习和掌握教育科学、管理科学的理论，提高自己的理论水平。同时，由于目标总是指向未来的，即目标要有预见性，这就要求学校管理者，以科学理论为指导，在广泛调查研究的基础上，运用各种科学手段，对未来的发展趋势进行预测、判

断。只有以科学理论为指导，在对未来进行科学预测的基础上，才能制定出科学、合理的高中教学管理目标。

(3) 要从学校的主客观条件出发

中学学校的主客观条件，包括人力（师资力量、水平）、物力（校舍及教学设备）、财力（国家拨给及社会筹集的教学经费）、环境因素与办学基础等。要进行工作基础分析、条件分析、潜力分析，在此基础上制定出既充分发挥优势，又针对薄弱环节的略高于现有能力的目标。目标既不能脱离实际，盲目拔高，也不能思想保守，因循守旧。要根据本校的特点条件，充分挖掘潜力，这样确定的高中教学管理目标才切实可行。

(4) 在制定高中教学管理目标的过程中，必须广泛发动群众参与

由中学学校管理者根据各方面的情况要求，提出总体设想，然后交给群众讨论。在广泛听取他们意见的基础上再做出决策。只有广泛发动群众参与目标的制定，才能激发起他们努力达到目标的责任感、期望感，并主动地克服工作中的困难，创造性地完成工作任务。同时，学校教学管理的总体目标制定后，部门负责人应根据本部门的情况为完成中学学校总体目标而制定部门目标；年级组、教研组和教职工个人也应依次制定出小组目标和个人目标，使目标的制定既自上而下层层展开，又自下而上层层得到保证。

2. 高中教学管理目标的实施

实施是完成管理目标的基本手段。在高中教学管理目标确定之后，中学学校管理者的责任是采取相应的方法，最大限度地调动各方面的积极性，有效地实施和达到目标。这个过程主要包括组织、指导和协调三个方面。

(1) 组织

这是目标实施过程中所要做的第一步工作。目标确定后，虽然人员各自明确责任，财力、物力和时空分配已妥，但要作为一个整体充分发

挥作用，还必须建立精干灵活的指挥系统，按目标任务把人力组织好，保证事事有人做，人人尽其力，使每个部门、每个人独立自主地实现自己的目标。

（2）指导

这是指学校管理者对所属部门或个人的工作进行的指导和帮助。在实施过程中，由于各个部门各个成员都在行动，因此必然会出现各种矛盾和问题。为此，学校管理者应针对各种情况，及时给予具体的指导，予目标偏离者以修正，予方法欠妥者以改进提高，予忽视质量者以适当教育。只有这样，才能使工作不偏离正确轨道，使各个部门及成员为实施目标付出的气力不致浪费，从而保证学校教学工作的最优化。

此外，应当明确，指导的目的是使被管理者干好工作，因而学校管理者的指导应该采用点拨式、启发式、示范式等方法，切不可包办代替或强加于人。有效的指导应该是指点而不说教，帮助而不替代，引导而不强加，批评而不压制。通过指导，提高全体成员的思想认识，调动他们的积极性，提高他们的业务水平。

（3）协调

它是贯穿于实施阶段全过程的一项管理工作，其作用、目的就在于处理各种矛盾，调整各种关系，减少内耗，使各个部门、各个成员工作之间能有机配合、和谐运转，以保证目标的实现。

3. 高中教学管理目标实施情况的评估

这里所讲的评估是指，在高中教学管理目标实施的基础上，对其成果做出客观评价的管理活动。它应以改进领导工作和促使下级向更高的目标奋进为主要目的。评估作为高中教学管理的重要一环，必须认真对待，做到有始有终，使之制定、实施形成一个完整的循环。评估的方法途径是多方面的，主要的是规范评估法，即确定规范后按规范标准衡量学校的高中教学管理工作过程和目标达到的程度。评估的方法有观察法、总结法、抽样调查法、测验法等。评估成绩可采用百分法或分等法

（优、良、中、差四等）。从主客观角度看，可分为自我评估与他人评估两种。对学校整个教学管理工作的评估，一方面要求学校定期地总结工作，另一方面上级教育部门需组织力量对学校的教学管理进行全面评估。

正确的评估对学校的教学管理工作有很大的促进作用。通过评估，可以全面总结教学管理目标实施过程中的经验教训，发扬优势，克服缺点，为下一步管理目标的实施打下基础，使目标管理水平不断提高。

第四节　高中教师管理

一、做好思想教育工作，落实知识分子政策

（一）做好教师的思想教育工作，是调动教师积极性的根本

影响人的积极性的因素，大致有三类：一是基本因素，它指的是世界观、人生观和道德观，它对人们的积极性长期起作用，甚至可以影响人的一生；二是实际因素，它指的是现实生活所给予的各种激励因素，这些因素可以在一定时间内影响人们的积极性；三是偶发因素，它指日常工作和生活中偶然发生的一些令人愉快或烦恼的事情，这些事情对人的积极性也会产生暂时的影响。上述三类因素在实际生活中的作用，是交织在一起的。基本因素对人们积极性起着主导的、决定性的作用，它对实际因素和偶发因素具有调节、节制的力量，而实际因素和偶发因素也可能在短时间内对人们的积极性产生决定性的影响。这两类因素积累起来，也同样会引起基本因素的变化。因此，学校管理者要调动群众的积极性，就必须针对上述三个方面做好工作，利用这些因素的积极方面，防止和克服其消极方面。当然，要做的工作很多，不能简单化，但根本的、贯穿在三个方面中的是要做好思想工作。只要人们增强了对社会主义、共产主义事业的信念，对祖国、对人民的感情，对党的认识和

态度以及对工作的责任感，对集体、对同志的关怀与尊重，其积极性就容易被调动和发挥出来。

（二）端正对人的态度，要尊重人，才会有好的政策、方法、方式

人是非常复杂的机体，只有在对人的不同属性及关系有了全面的、统一的认识前提下，采取实事求是的态度和正确的方法，才能取得好的效果。

我们提出要尊重人、信任人、关怀人。在工作中要化消极因素为积极因素，要对人采取尊重、信任、关怀的态度，否则就达不到调动其积极性的效果。现代管理科学的“人本原理”认为，每个管理者在管理工作中必须紧紧抓住“做好人的工作”这个根本，重视处理人与人的关系，尽量调动和发挥人的自觉主动精神，只有这样，才能把管理工作搞好。

（三）做好教师的思想教育工作，要把师德教育作为中心内容

师德，是教师这种职业所要求的行为标准和指导行动的规范，这是教师品质修养的集中体现。校长要领导管理好中学，必须加强对教师的师德教育，因为教师的师德水平是衡量教师素质的重要标准。在教师素质这一复杂结构中，师德占有重要的地位。它与教师的政治思想水平有密切的关系，但又有其独特的地位和作用。一般来说，政治思想水平的高低对师德水平有重要影响作用，但政治思想水平不能代替师德水平。相反，师德水平则能较集中地反映教师的政治思想、教育思想和职业道德修养。师德水平与教师的业务水平也有密切关系，但它们之间不能画等号。注意师德修养的教师，责任心强，忠于职守，热爱学生，热爱本职工作，他们努力学习，注意提高业务水平，尽力把本职工作做好。可见，在教师队伍建设中，既要重视教师的政治思想、业务水平的提高，又要重视教师师德水平的提高。

建立一个良好的教师集体，是教师管理工作的重要内容和目标之一。而良好教师集体的形成，以提高教师的师德修养为前提。师德是教师集体的“纽带”和“黏合剂”。一个良好的教师集体的特征是有共同的目标，对教育工作有正确的、强烈的价值观念，对中学的教育教学任务有一致的认识并乐于努力去完成它。同时，良好的教师集体，表现在中学内部就是有一个融洽的人际关系。教师与领导之间、教师与教师之间、教师与学生之间，能互相关心，互相尊重，彼此信任，共同进步。在这样一个良好的氛围中，教师的积极性能够很好地发挥出来。

在中学进行师德教育，就要组织教工认真学习教育部和全国教育工会颁发的高中教师职业道德规范。该规范共六条，可将其内容概括为：热爱祖国，献身教育；探索规律，教书育人；勤奋学习，德才兼备；热爱学生，诲人不倦；遵纪守法，团结协作；以身作则，为人师表。学校通过组织教工学习，使他们充分认识自己的崇高历史使命，发挥工作积极性。

二、满足中学教职工正当的、合理的要求

一切思想都来源于客观物质世界，并受其影响和制约，思想工作不能离开人们的物质需要、实际问题。那种“思想万能”、离开人们的物质利益和实际问题的思想政治工作，在社会主义市场经济条件下是行不通的。因此，要调动教职工的积极性，还必须了解和研究他们的需要，满足他们正当的、合理的要求。

人有物质需要和精神需要，恩格斯曾把人的生活需要分为三个部分：一是生存需要；二是享受需要；三是发展需要。所谓发展需要就是要表现自己的才能、自己的个性。生存、享受的需要是属于物质、安全方面的需要，而发展的需要可以说是属于精神需要的一个方面。一个人的物质、精神方面的需要得到满足，其积极性就有可能发挥出来。心理学家对人们的需要，进行了如下不同的分类：

(一) 二分法

二分法认为人们的需要分为以下两大类。

1. 生理的需要

生理的需要也叫物质需要。它包括衣、食、住、安全、结婚延续后代等方面的需要，这是人们赖以生存的基本需要。它是推动人们动机和行为的最强有力的动力。正如恩格斯所说，人们必须有了吃、穿、住，然后才能从事政治的、哲学的、科学的、艺术的活动等。

2. 心理的需要

心理的需要也叫精神需要。除了生理上的需要以外，其他的需要都属于心理的或精神的需要。例如，学习、艺术、基本成就、自尊等的需要。

(二) 三分法

三分法认为人类的基本需要有三种。

第一种，衣、食、住、防御安全等基本物质需要。

第二种，与他人交往的需要，亦称为社会需要。

第三种，要想得到他人和社会承认或认同、尊重、信任等的自我需要。

(三) 五分法

五分法把人们的需要分为五种：①生理的需要。②安全的需要，主要指人身安全、生活保障等需要。③社交需要，就是社会交往的需要。④心理的需要，包括自觉、自信、荣誉、地位以及被别人和社会承认、尊敬等的需要。⑤自我实现或自我成就的需要。即对工作、事业做出成就、实现理想和抱负的需要。

(四) 我国社会主义条件下教职工可能拥有的需要

1. 政治生活方面的需要

高中教师都希望我国政治稳定、长治久安，希望自己在政治上、社会地位上得到关心和尊重。

2. 个人的才能、特长得到发挥的需要

高中教师都有搞好工作、为教育事业贡献自己力量的愿望。因此，他们希望自己的才能、特长能够充分发挥。中学领导应当了解教师的这种心理，尽量为他们提供发挥特长的机会。

3. 改善生活条件的需要

改善生活中必要的条件，是一个人最基本的需要。如果这方面的需要得不到满足，不能解决，往往会影响教职工的情绪，使他们不能将全部精力投入本职工作中去。

4. 学习、进修方面的需要

随着科学技术的快速发展，各门学科的内容、研究方法和实验手段也在不断更新，因此有些高中教师深感知识不足，希望获得再学习的机会和条件。这方面学校应根据需要和可能，尽量满足他们。

5. 业余生活方面的需要

教职工在自己的工作、学习之余，希望业余生活过得丰富、更有意义。他们希望有健康的文化体育活动，如爬山、游戏、旅游、交朋友、阅读新的文学作品、看到新电影或戏剧等。文化生活长期贫乏而得不到解决，也会使一些人对工作产生厌倦的情绪。

总之，不管从哪个角度来分析，也不管用什么方法来研究，教职工的需要都是多方面的。中学领导者若能真正关心他们正当的、合理的需要，就会激起他们的工作热情和创造精神。中学领导要经常了解教职工的需要，尽量满足他们的正当、合理的要求。可是，事实上教职工的需要也不是完全一样的，我们必须分析哪些是合理的、哪些是不合理的，哪些是当前能满足的、哪些是暂时不能满足的。这就要辅以思想政治教育工作，善于引导和培养教职工的需要，教育教职工正确对待需要，正确处理个人与国家、暂时与长远的需要的矛盾。

三、合理安排教师的工作

合理安排教师的工作，既是科学管理中学的一项重要内容，也是发挥教师积极性的重要条件。深入了解教师，是安排教师工作的前提。中学领导在安排教师的工作时应尽可能对每个教师有全面的了解，使安排尽可能恰当、合理。

（一）了解教师的主要内容

1. 工作思想

政治思想情况和道德品质情况。

2. 工作态度

对自己所从事的本职工作的认识，努力勤奋的程度、遵守各项规章制度等纪律情况。

3. 专业基础

主要是教师接受专业教育时的情况。这虽然并不能完全准确反映一个人的专业理论知识、业务能力水平，但也是衡量教师专业基础的一个尺度。当然，还要顾及教师从事工作后勤奋学习、自学和实践中得来的知识。

4. 业务能力

业务能力包括以下内容：①运用专业基础知识和基本技能的能力。作为教师主要表现为理解和组织教材的能力。②根据学生实际，科学地选择教育、教学方法和有效运用这些方法的能力。③语言表达能力和写作能力。④灵活运用专业知识和教育科学理论知识解决教育和教学实际问题的能力。⑤科学研究能力。就是结合教育实践进行教育科学实验和科学总结教育经验和教育方法的能力。

（二）了解教师的主要方法

第一，看档案资料。主要从历史上了解教师的各方面的基本情况，这是了解教师的基础。

第二，在教育教学实践中观察了解。

第三，谈心，可以获得对教师的直接印象和内心活动情况。

（三）安排教师工作的原则

1. 工作需要

中学要根据教学计划和中学实际工作需要安排各学科的任课教师，以保证国家规定的教学计划和中学的各项工作任务的全面完成。无论是校长还是教师，都要把服从国家规定的教学计划的需要和服从中学实际工作的需要，作为组织安排好教师工作的基本原则。否则，中学的各项工作就无法顺利进行。

2. 发挥专长

安排教师工作，要求做到专业对口。这是发挥教师专长的基本条件。在此基础上考虑教师的具体长处。

3. 便于团结互助

安排教师工作时，还要考虑到教研组、备课小组教师的整体，从思想上互相帮助，共同进步；在业务上扬长避短，合理搭配。只有在教师的政治思想、知识、能力、年龄、性格等方面注意合理搭配，才能使全校每个年级的教师形成最佳结构，以促进教师互相学习、互相补充。也可以把这条原则称为互补原则。

4. 立足当前，着眼长远

安排教师工作既要立足当前工作需要，又要从培养提高教师水平、提高教学质量的长远需要出发。

5. 照顾特殊，不同要求

每位教师都有自己的特殊的兴趣、爱好，也有不同的需要，在安排工作时，应当在可能条件下尽量给予照顾。同时，对不同情况的教师，如对老、中、青三种类型教师应提出不同的要求，分配不同量的工作。

四、正确运用评比、奖励手段

运用评比、奖励手段来调动教职工的积极性，即对一切有利于实现中学整体目标的行为都应给予及时的肯定、表扬和奖励；对一切不利于实现中学目标的行为都应及时给予否定、劝阻、说服、批评、处分等。如果对有利于集体的积极行为不及时肯定，必然意味着积极的行为没有什么价值，得不到中学、集体等的客观承认，因而积极性就会减退乃至丧失。反之，如果对不利于集体的行为不给予及时否定，也必然意味着对不正确行为的姑息，从而使之泛滥成灾。所以，奖励手段对调动教职工的积极性是必要的。

（一）评比

评比实际上是一种竞赛。我们提倡在社会主义原则基础上的同志式竞赛，如开展比、学、赶、帮活动。实践证明，这种评比是促进社会主义各项事业发展的有效办法。评比是为了保障国家和人民的利益，推进各项事业的发展，提高人的干劲和积极工作的热情。因此，它也是调动人们积极性的一种辅助的、必要的方法。中学与中学之间、班级之间、科组之间、教师之间客观上存在着相互的竞争。但中学领导有意识地组织评比，就可以把竞赛引到正确的轨道上来。正确组织的评比有如下意义：①使集体和个人有一个明确的努力目标。评比条件的提出有利于使大家的努力统一到同一个目标上来。②能创造一种鼓足干劲、积极进取的情境，使个人的勤奋努力和聪明才智得到充分肯定。③可以促进同志之间互相学习、帮助和影响，使好经验得到推广。④集体内部的评比可以促进集体的团结，增强集体荣誉感。

在教职工中开展评比竞赛要注意如下问题：

第一，评比的内容和条件应体现中学任务目标与教职工个人目标的统一，这样才能使教职工从内心上接受，为达到条件而努力。评比的内容和条件，带有指挥棒的作用，所以要抓住提高教育质量的关键来确定评比的项目和条件，在项目方面要根据教育工作的规律、中学的任务和实际情况，做到中心明确、重点突出，不要面面俱到。如：为了加强学生的思想教育工作，可开展班主任工作方面的评比；为了提高课堂教学质量，可以开展教学方法、教研活动优化方面的评比。在评比标准方面，必须反映教育方针和党对教职工的全面要求。如教书育人、工作态度与效果，知识水平与教学艺术等，都要得到反映。单纯以考试成绩和升学率高低来评定教师的工作质量，会使教师的努力目标偏离中学的任务的全面要求，影响教育方针的全面贯彻。

第二，要贯彻充分肯定优点、表扬为主的原则。评比的目的是发扬正气，调动教职工积极性。教师一般有较强的自尊心，以正面表扬为主，可以使人更多看到别人的优点，培养向他人学习的良好风尚。对一些缺点较多的教师，要通过个别帮助的方式来进行。

第三，评比要贯彻大阶段、大尺度的原则。这是从高中教育工作的规律和特点出发的。高中教育周期长，教育工作的效果不可能立竿见影。大阶段指的是至少以半个学期来评定一个班级和一个教师的工作质量。大尺度是指教育目标的主要要求。对一个教师来说，大尺度主要是指工作的总效果、从工作中拿出的经验总结等。

第四，评比标准必须公正，不公正就失去了评比的全部意义。评比主持者的大公无私和群众路线是使评比公正的主要条件，要注意防止主观因素的影响。

第五，加强评比活动的思想教育工作。开展评比活动的过程，充满着思想矛盾和斗争，没有切实、有效的思想政治工作，就会滋长争名夺利、弄虚作假等不良习气。所以，要加强评比的目的教育、集体主义教育、团结互助教育、做贡献出成果的教育。

（二）奖励

评比的结果肯定会带来奖励，适当的奖励有利于调动教职工的积极性。奖励要注意以下几点：

1. 奖励集体与奖励个人相结合

这是由教育成果的集体性决定的。奖励集体，有助于形成教职工的集体荣誉感和对教育工作全面负责的责任感，培养出团结协作精神。当然也要充分肯定教职工的个人作用和贡献，对有突出成绩的人给予特殊的奖励是应该的，不能搞平均主义。

2. 精神奖励与物质奖励相结合

这是由社会主义高中教育工作的性质决定的。我们做任何工作都要有利于提高劳动者的思想觉悟，表扬、奖励要着重于引导人们忠诚于人民的教育事业，全心全意为人民服务。同时，以精神奖励为主也符合精神生产的特点和知识分子的特点。精神奖励的方式可以多种多样，如：推荐教师出席各级经验交流会，请教师做辅导报告，选举教师为各种代表，把教师的经验收进《学校优秀经验选集》或推荐给报刊发表，给教师提供进修、参观、学习的机会，等等。

五、逐步实行教师聘任制

《中华人民共和国教师法》（以下简称《教师法》）明确规定中学要实行教师聘任制。聘任制，就是用人单位应用合同形式，招聘有关人员来校任教的方式。用人单位有聘任和解聘的权利，个人有受聘和拒聘的权利。合同中有双方责任、权利、利益及任期的规定。

（一）教师聘任制的类型

1. 从内容来分

（1）职称聘任

在国家职称评定的基础上，根据每个人的实际工作能力和业绩，恰当地确定每个人的国家职称或校内职称。

（2）岗位聘任

在职称聘任的基础上，同时要对教师进行不同工作岗位的聘任。例如，任课教师的岗位聘任，班主任、年级组长、教研组长的岗位聘任，教研岗位的聘任，教辅岗位的聘任等。

（3）等级聘任

在职称、岗位聘任的基础上，根据工作业绩，对应聘者进行等级聘任。例如，分为高级教师一等、二等、三等，一级教师一等、二等、三等。

2. 从时间上来分

短期聘任，一般为一年任期；中期聘任，一般为 2～3 年的任期；长期聘任，一般为 5 年以上的任期。

3. 从等级上来分

初级聘任，一般任期为一年；中级聘任，一般任期为 2～5 年；高级聘任，一般任期为终身，证明他能完全胜任教师工作。

4. 从方式上来分

（1）全职聘任

即对将主要精力放在校内工作上、能完成中学规定的教育教学和管理的任务的教师的聘任。全职聘任又分为四种：一是试用聘任。新教师试用期为一年，一年期满，经本人申请、中学评定，合格即可转为正式聘任。二是定期聘任。每年都签订聘用合同。如中学新学年不再聘任应提前通知，定期一般三年，最长不超过六年。三是终身聘任。经定期聘任合格和本人申请，可获得终身聘任权。四是临时聘任。如岗位出现临时空缺，对外招聘代课教师等。

（2）兼职聘任

可以分为校内兼职聘任和校外兼职聘任两种。

（二）教师聘任制的基本要求

1. 双向选择

聘任对象和聘任单位双向选择。即聘任单位（中学）可以做出聘任或解聘的选择，聘任对象也可以做出受聘或拒聘的选择。通过双向选择，教师完全可以在平等的基础上展开工作上的公开竞争，中学不采用行政手段进行干预。这样能在竞争中寻求最佳组合，扬长避短。如果没有双向选择，就等于没有真正的聘任制度，因为单向聘任无异于任命制。

2. 任人唯贤

是否坚持任用德才兼备的教师关系到聘任制的发展方向。放弃这个原则，就可能导致任人唯亲、任人唯派、任人唯资、任人唯顺的用人路线，就可能出现校长以自己的好恶、亲疏来任用人，甚至滥用职权。所以，我们必须坚持任人唯贤原则。为了防止校长一人说了算，应成立聘任领导小组，严格执行聘任程序，并严格接受党组织的监督和教代会的民主管理。

3. 优化选择

坚持优化选择，就应将聘任者的工作任务质量标准分成若干档次，公布于聘任者面前，允许所有聘任者自愿申请应聘，打破论资排辈的陋习，使优秀教师脱颖而出。

4. 合理流动

目前，我国高中教师人才分布不平衡、不合理的状况比较突出，而且这种现象还将长期存在。在这种情况下，中学聘任人员的合理流动将是有益的。当前，中学人才流动合理的流向应该是从教学力量雄厚、人才密集的城镇地区和中学向教学力量薄弱、人才缺乏的地区和学校流动，从大城市向中小城镇流动，从城镇向农村流动，从内地、沿海向边远地区流动。目前，实现这种合理流动是很困难的，但不能因此而否定这一方向。如何坚持实现这种合理流动的原则呢？除了进行必要的思想政治工作、满足合理的物质条件之外，还要不断地探索合理流动的各种具体方式。

随着中学内部管理体制改革的深入发展，中学逐步成为一个独立的办学实体，中学有了办学自主权，校长也有了聘用教师的权力，这就非常有利于开展教师的选拔和任用工作。

(三) 教师的选拔

关于教师的选拔，高中学校要按照《教师法》的有关规定进行。《教师法》规定：“国家实行教师资格制度。”中学要从那些取得教师资格的人员中选聘教师。一般而言，资格指的是人们从事某项活动应有的条件。而教师的资格，指的是从事教育教学工作的专业人员所应该具备的条件，它要回答的问题是：什么样的人可以当教师，什么样的人不可以当教师。

《教师法》对教师资格有下列规定：

1. 公民地位

取得教师资格，首先必须是中国公民。中国公民“享有宪法和法律规定的权利，同时必须履行宪法和法律规定的义务”。遵守宪法和法律是对公民的基本要求，也是公民取得教师资格的基本条件。

2. 思想品德要求

公民取得教师资格，“要热爱教育事业，具有良好的思想品德”。教师应该具有良好的思想品德和高尚的思想境界，这是能否教书育人、为人师表的前提。因此，高中教师必须遵守《中学教师职业道德要求》的规定，培养良好的师德。

3. 教育教学能力

教育教学能力指教师有效地参与教育教学活动、传授知识和技能、促进学生全面发展的本领。教师具备这方面的能力才能胜任教学工作。中学领导人在选聘教师时，应坚持教师资格要求，这样才能保证教师队伍的基本素质，从根本上杜绝由不适合教育教学工作的人执教而误人子弟的现象。

六、高中教师的业务考核与提高

（一）高中教师的业务考核

教师考核是指根据中学的性质、任务和培养目标，应用现代教育评价的理论、方法和可行的技术手段，对教师的素质，履行职责的态度、表现以及所取得的成绩，全面、科学地进行测定，给予客观、公正的评价。

1. 教师工作考核的目的和内容

（1）教师工作考核的目的

教师工作的考核是教师管理的重要环节，教师考核的主要目的是全面了解和鉴别教师的工作态度、水平、能力和成绩，为教师的安排任用、职称升迁、调资和进修提高，提供正确、完备的材料和可靠的依据。考核有利于发挥教师的潜力，调动教师的积极性，帮助教师认识自我，总结经验教训，努力改进工作，不断提高教育质量；同时，考核还可以促进教师之间互相学习、交流经验，推动教学研究，增进教学效益。

（2）教师工作考核的内容

教师工作考核的内容，一般包括思想政治表现、业务水平、工作成绩三个方面。思想政治表现主要看教师的政治态度、职业道德、思想意识、工作态度；业务水平主要看教师的教育教学水平、工作能力、创新精神；工作成绩主要看教师在工作中做出的成果和贡献。

2．教师工作考核的主要形式

（1）定性考核与定量考核

工作质量，一般通过一定的数量表现出来。考核教师应重视量化的工作，使考核的目标更加具体化。定量考核的优点在于较为客观、精确。但教师工作的成绩并非都可以量化，所以使用定量考核也有一定的局限性。因为教师工作的对象是人，而人的质量标准，除部分可以量化（如工作量、学习成绩、体育锻炼标准）外，许多因素还带有模糊的性质。因此，对教师工作的考核，除定量考核外，还要进行定性考核。定性考核的结果往往用概括性语言描述。例如教师上课的效果，一般用定性的方式考核。这种方式与参与考核的人员的思想、观念、感情等因素有关，往往带有一定的主观性。在实际考核工作中，通常把两者结合起来使用。有时为了便于比较，通常会把定性考核的结果通过二次量化，以数量的方式表达。

（2）自我考核与他人考核

自我考核是教师自己进行的考核。教师若能对自己的工作进行客观、实事求是的总结，将有利于肯定成绩、克服缺点，明确今后的奋斗目标。他人考核又可分为领导考核、专家考核、同行考核、学生考核数种。

（3）单项考核与综合考核

单项考核是针对教师某一方面的情况进行考核。综合考核是对教师的思想政治表现、业务水平、工作成绩进行全面的考核和评价。

（4）定期考核与不定期考核

在一定时期内规定必须进行的考核叫定期考核。定期考核一般一年一次为妥。为了某个目的或需要，随时对教师进行的考核叫不定期考核。为评聘教师职称资格对教师的考核属于这一类型。对教师的考核应该采取平时考核与定期考核相结合，个人总结、群众评议与领导鉴定相结合的办法。

平时考核主要通过正常教育教学活动中的指导、监督、检查进行，其形式有听课，对教师的教案和学生的作业、学习成绩的检查，必要时要对教师进行业务测试等。在平时考核的基础上，每学期进行一次小结。教师要对自己一学期政治思想和文化业务及本职工作完成情况做出小结，填入教师工作情况登记表，每学年末进行一次年度总结。要在个人小结的基础上，在教研组内评议。最后由中学考核小组根据个人总结、小组评议和平时的考核情况，对教师的政治思想表现、文化程度和业务水平写出评语，装入教师业务考核档案。

3. 教师工作考核的原则

（1）条件公开原则

条件公开是明确考核内容和标准并向全校公开，这是公平竞争的必要前提，是公正考核的依据。贯彻条件公开原则的要求如下：在确定考核内容和标准时，既要坚持标准，又要切合实际。上级教育行政部门颁发的考核方案和其他考核文件，是中学进行教师工作考核的重要依据。由于各校具体情况不尽相同，因而在具体实施时，可在教育行政部门指导下，制定适合本校特点的、更为具体可行的实施细则。随着教师队伍素质的逐步提高，教师对考核工作的心理承受能力不断增强，指标设置可逐步由粗到细，考核标准也可逐步提高，直至达到考核工作科学化、规范化、制度化的要求。

考核内容经教师广泛讨论，达成共识后在全体教师中公布。在学年初，学校以任务书的形式与教师签约，作为考核和奖惩的依据。学校还要制定与考核配套的规章制度。目标是导向，考核是手段，规章是保障。在明确目标、考核内容及标准的基础上，制定与之配套的、科学的、切实可行的规章制度，将考核与执行规章制度有机结合起来，这样能够保证考核工作顺利、健康地进行。

（2）考核公正原则

考核结果公正与否是考核工作成败的关键。根据行为科学的公平理论，教师个体主观上公平感的获得，不仅受个体对自身工作考核、评估的影响，而且还受与他人工作考核、评估的比较的影响。因此，为保证考核结果公正，应努力做到“四个结合”。

①权威性与民主性相结合

教师工作考核是中学对教师工作的全面评价，必须具有权威性。考核工作由校长在内的中学考核领导小组具体领导、组织实施。对领导小组成员和考核人员在政治思想和业务水平方面都要做具体要求，并通过制定考核纪律、规定考核程序，保证考核工作严谨、慎重、健康地进行。为了充分发扬民主，使考核工作具有比较广泛、坚实的群众基础，无论是考核目标、细则的制定，还是进行具体的考核工作，都必须认真听取职工代表大会、工会和广大教职工的意见，争取他们的支持和配合，同时要求每个教师都要积极参与考核，做考核的主人。

②职能部门考核与中学综合审定相结合

在制定出考核细则以后，中学应培养一支精干、高效的考核队伍，并组织、构建合理的考核运行系统。中学在确定本校教师考核工作总体目标和任务以后，将目标和任务按照不同的性质进行分解，落实到各职能部门，使各部门在中学的统一部署和协调下，各司其职，分类分层进行考核。考核结果最后汇总到教师工作考核领导小组，进行综合平衡、审查核定。做到整体把握、科学分解、组织综合，使考核工作按一定程序，有序地进行。考核结果要及时反馈给教师本人并征求本人意见，考核结果要及时公布，接受群众监督。

③平时考核与阶段考核相结合

平时考核是阶段考核的基础，阶段考核是平时考核的综合。因此，进行教师工作考核，要从开学第一天、第一课开始抓起。一方面要求教师自己记载考核信息，为自评积累资料。另一方面中学领导和各有关部门按照分工要求，根据各部门职能与考核任务，对考核信息及时进行采集、处理、贮存、传输，并对各考核责任部门、责任人的考核信息积累工作提出数量、质量和时间的要求，除抓好平时考核、阶段考核外，学期结束前后，中学要组织专门力量，对教师进行全面考核。有了平时考核积累的基础，阶段性的综合考核也就有了依据，增强了考核的可信度，也为最后对考核结果进行综合、调整和审定，形成对教师工作的综合评价奠定了基础。

④教师工作考核与严格中学常规管理相结合

一是将教师工作考核的科学机制和有效方法引入中学日常管理之中，促进中学常规管理的科学化，提高管理质量。二是严格中学常规管理，检查、考核教师执行规章制度和执行岗位职责的情况，不断积累教师工作考核的有关信息，为教师工作的平时考核和阶段考核提供资料。

(3) 奖惩公平原则

对教师的考核，应当与对教师的奖惩密切配合。考核的结果，只有通过必要的奖惩，才能起到提高教师工作质量的作用。对教师进行考核的目的，是给教师工作以恰当评估，从而区别不同教师所达到的不同工作数量和质量；让教师找出自己工作的差距并确立进取目标，使后进赶先进，先进更先进。如果只进行考核，不奖优罚劣，就会造成好坏不分、是非混淆的现象，削弱教师管理的效能。

奖惩是对考核结果给予肯定或否定的评价。奖惩是否得当、是否公平、能否兑现，不仅关系到本学期目标的落实，而且影响到下学期目标的实现。奖惩应以考核为基础，坚持公平奖惩的原则，要特别强调按制定目标时规定的奖惩条件进行，保持制度的相对稳定性，言而有信，才能取信于民。

奖励内容主要是奖全勤、奖绩效、奖创造，或者三者的综合。惩罚对象主要是：惩罚敷衍塞责出现事故者，惩罚违反规章制度而造成影响者，惩罚不改进工作方法、不称职者。将教师工作考核结果直接用于教师管理，作为续聘、解聘、晋级的重要依据。考核优秀者可以优先晋升高一级职称，优先推荐为优秀教师等。

教师工作的考核与奖惩是加强教师队伍建设、完善教师“岗位职责—岗位培训—岗位考核—职称评聘”管理机制、提高教育教学质量和中学管理水平的重要环节，全面贯彻“三公”（公开、公正、公平）原则是教师工作考核与奖惩能够健康、顺利开展的必要条件和基本保证。

（二）教师业务

教师管理流程主要是从整体上把握教师管理的各个环节，其目的是要解决“数量足够，结构合理”的问题。但是，一所中学的教师队伍如果仅仅是数量充足，学科、年龄、职称、性别等结构合理，还远远不够，其关键是整体素质要高。

1. 教师的业务提高

（1）组织教师业务进修的重要性

①弥补职前教育的不足

教师职前所受的师范教育，只是得到最基础的专业理论学习和基本的技能训练，不可能充分熟练地全部掌握从事教育教学活动的所有知识、技能、技巧。这只能在参加工作之后结合实际需要进行再学习、再提高，以弥补职前教育之不足。那种认为受过师范专业教育的人一定能完全胜任教育教学活动工作的看法是不全面的。

②完善教学内容、教学方法和教学手段

教学内容、教学方法和教学手段是随着政治经济、科学技术的发展变化而不断发展变化的，只有不断进修才能适应不断提高的教学质量的需要。

③教师要具有丰富的多方面的知识，就要不断进修提高

高中教师不仅要精通自己所教的学科，而且要对教学计划规定的所有学科都有一定的认识。因此，教师还必须具有比较广泛的文化素养，了解政治、文学、艺术、天文、地理、历史、科技、体育、卫生、工艺等方面的知识及科学技术的新成就。这些知识的获得，主要依靠经常学习进修。

(2) 提高教师业务能力的方式方法

教师的业务进修总的原则应坚持理论联系实际，坚持在职为主、自学为主，做到学习文化科学知识和学习教育理论相结合，业务进修和教学实践相结合。

①发挥校内力量，在教学过程中结合教学工作培养提高教师的业务水平

把教师的业务进修与当前的教学工作结合起来，解决好一部分教师过业务关的问题。要求每个教师都熟悉本学科的中学教材。要广泛开展教学研究活动，采取观摩教学、互相听课、开设专题讲座、进行难题难点讨论和心得交流、集体讨论教材、互相传阅教案等方式，不断交流经验，取长补短，共同提高。同时还要组织教师个人自学，每个教师都应该按照自己的实际和教学工作的需要，制订进修计划，领导要定期检查计划执行的情况。

②积极组织教师到校外进修

中学要根据教师的业务水平和教学能力，按照各级师范院校、函授中学的招生条件，制订教师到校外进修计划。中学还应适当组织教师到邻近的中学去听课，学习兄弟中学的教学经验。

③组织教师开展教育科研

“以教带研，以研促教”，是提高教师业务水平的有效方式之一。

(3) 提高教师的教育理论修养

中学领导要把中学管理建立在科学的基础上，应组织教师学习教育

学和心理学等科学理论。中学领导可根据一个时期中学工作中出现的新情况、新问题，请当地教育学、心理学教师做辅导报告，从理论上给予分析解答，提高教师的教育理论水平。还可根据国内外教育动态，结合中学的实际情况，找一些有倾向性的问题，组织大家学习讨论，提出本校对这些问题的看法、态度和做法，使教师的教育思想跟上教育科学发展的形势。中学的校长、教导主任还可以就现代教学和教育中的问题，向全体教师作指导性的报告，提高教师的教育素养。这项工作每年应安排一两次，这是中学的一项基本建设，只有经常坚持才能见效。中学应订购一定数量的教育刊物，放在资料室供教师阅读。中学要善于发现教师在教育理论和教育实践的结合中改进教学方法和进行思想品德教育的好做法，及时总结，提高推广。

2. 教师素质的基本要求

要回答教师应具备什么样的素质，首先要回答教师应承担什么样的职责。因为职责是规定素质的依据，而素质是承担职责的保证。

根据国家的教育方针和中学的性质、任务，根据当今时期的要求，高中教师的基本职责应该是：①教好功课，努力提高教学质量；②向学生进行思想品德教育；③促进学生的身心健康；④组织好学生的课外校外活动；⑤协调中学与家庭、社会的关系；⑥努力提高思想政治和文化业务。

根据教师职责的要求，结合当前时期的新特点，高中教师的基本素质应该是：①热爱人民教育事业，热爱学生；②精通自己所教的学科，有比较渊博的知识；③熟悉教育科学，懂得教育规律；④有良好的语言表达能力；⑤品德高尚，为人师表；⑥身体健康，能坚持工作。

3. 教师成长的一般过程

教师的成长过程不是一个简单的、按年龄递进的、直线上升的过程，而是有其诸多复杂的内外制约要素和基本规律。

(1) 准备期

这是当教师的预备阶段，通常可分为两个阶段，即进入职业选择阶段和进入职业训练阶段。职业选择阶段主要通过中学、家庭、社区、大众传媒与社会团体意识等对在校高中生施加的影响，在他们心目中树立教师形象，诱发教师职业自豪感和选择教师职业的意向。在职业训练阶段，主要是通过师范课程学习，使师范生初步形成一定的专业思想与职业意识，获得必要的专业知识和技能，基本认同师范职业和具备良好教师心理品质。这阶段的显著特征是自身价值的积累与准备，将师范生培养成初步符合教师专业要求的准教师。在准备期形成的准备结果是后续各个阶段发展的前提。

(2) 适应期

这是教师上岗后的工作初期，也是“打基础”的时期，通常需要5～6年时间完成。在这一阶段，教师为了适应教育、教学工作需要，根据教育实践的要求、自己的兴趣和确立的目标等，努力调整自己的知识结构，尝试将所学的知识与实践结合，并逐渐掌握了教育、教学规律，形成了技能，增强了教育、教学能力。但是，由于缺乏做教师的经验和心理准备上的不足，易受到外界影响，角色认知模糊，工作盲目性大，情绪易冲动。为此，中学领导要做好指导和辅导工作，切实指导教师适应和进入角色，尽快过教育、教学关，给他们以关怀、鼓励、支持和帮助。特别要制定出上岗教师的教育、教学常规，如备课、听课、评课、教研、考试等常规，实行“结对子”，设立“新秀奖”和“指导奖”。同时，要加强对他们的心理辅导工作，使他们消除心理障碍。此外，切实为他们办实事，提高待遇，解决婚恋、安居等问题，使他们顺利成长，为今后发展打下良好基础。

(3) 爬坡期

爬坡期或者叫高原期，通常需要8～10年完成。此期会出现三种情况的教师：一是“基础扎实，动力充足”的教师。他们献身教育事业的愿望强烈，积极性稳定持久，具有优秀教师的各种素质，“爬坡速度快”，因而向成熟型教师跳跃式发展。二是“基础一般，动力一般”的教师。他们比较安心教育工作，不甘落后，有自尊心和荣誉感，力求使工作符合要求和规范，有一定的工作积极性和教育、教学能力，“爬坡速度慢”，基本能过渡到成熟期。三是“基础较差，动力缺乏”的教师。他们教书缺乏主动性，教育、教学的基础在“适应期”没打好，在爬坡期难以爬上去，甚至出现“滑坡”的现象，难以进入成熟期。

（4）成熟期

这一时期主要是指任职满 10～15 年后，年龄在 35～50 岁的教师，属于教师工作最佳状态阶段。在这一阶段，教师在认知、情感、个性和人格等方面都得到升华，教育、教学经验丰富，能力最强，工作状态最佳。教育、教学理论和技能达到相当水平并有所建树，渐成风格。多数教师都能做出成绩，有些教师还将成为中学教学水平高和指导能力强的骨干教师或学科带头人，少数者甚至能发展成知识渊博、思想深刻、通晓教育、熟练教学的专家型教师和学者型领导。这个阶段的教师，他们作为中学的骨干力量，担负主要的工作，发挥着承上启下的作用，具有强烈的事业心与成就感。

（5）回归期

这主要指教龄在 30～40 年之间的教师。这一时期的教师进入体力衰退初期，教育、教学经验丰富，但身体机能却在不断下降，甚至力不从心。在这一时期，要注意减轻他们的教育、教学工作量，发挥他们参谋咨询、指导新秀等方面的作用。

以上这五个阶段只是从总体上对教师的成长做一般性的描述，具体到每一个教师，情况又各不相同。

第七章　新时期高中教育管理模式创新的指导方法与策略

第一节　人本化管理在高中教育管理中的应用

一、“以人为本”管理的内涵

“以人为本”管理模式即以人为中心，在确立学生主体地位的基础上，围绕调动学生的主动性、积极性和创造性来开展一切管理活动，这种管理模式是高中生管理模式发展的必然走向。“以人为本”的学生管理工作理念，就是要以人为出发点，充分尊重学生作为人的价值和尊严，充分尊重学生的人格、个性、利益、需要、知识、兴趣、爱好，力促学生全面发展，健康成才，并能可持续发展。这意味着要从那种把对人的投资视为“经济性投资”的立场转变为“全面发展性投资”的立场。“以人为本”的管理在处理人与组织的关系时，并不否定和排斥组织的目标，而是把人的自我发展和自我完善作为组织目标的组成部分。高中生管理中坚持以人为本的管理思想，就是指高中生管理工作必须以调动学生的积极性、做好学生的工作为根本。具体而言，就是要在高中生管理过程当中坚持把教育和管理的对象——所有学生，作为全心全意为之服务的主体。树立“以人为本”的高中生管理理念，营造良好的服务氛围，对学生能起到潜移默化的作用。高中从教学到行政管理，从学生学习到后勤服务，都要不断深化教育改革，转变教育观念，转变过去那种以学校为主体、以教育者为核心的工作思路和工作方式，变管理为服务，树立“一切工作都是为了学生”的健康成长的管理理念。“以人为本”的高中生管理就是以学生的发展为高中工作的出发点和落脚点，一切为了学生，使高中生德、智、体、美等全面发展。具体而言就是要理解学生、尊重学生、服务学生、信任学生。

二、实现“以人为本”的管理模式的必然性

高中学校是培养和输送人才的重要阵地，始终担负着为社会培养高素质的建设者和接班人的神圣使命。在现行的高中生管理中，管理目标的抽象化和格式化也是高中生管理的一大弊病。高中生管理工作与学校的其他工作目标是一致的，都是为社会培养人才。

人性化管理是以情服人来提高管理效率的，人性化管理风格的实质就在于充分尊重被管理者的自由和创造才能，从而才使得被管理者愿意以满足的心态或以最佳的精神状态全身心地投入学习和工作当中去，进而直接提高管理效率。人性的管理是情、理、法并重的管理，而不是放任管理，也就是我们提倡的教育人性化。对高中生实行“以人为本”的管理模式抓住了学生管理中最核心的因素，因为学生管理就是人的管理。人的需求、人的属性、人的心理、人的情绪、人的信念、人的素质、人的价值等一系列与人有关的问题均成为管理者悉心关注的重要问题。这是高中生管理的出发点和落脚点。

高中学校的基本职能之一就是为社会发展教育和培养人才，高中生已经具有了成为国家栋梁的基本潜质和条件，在教育和培养的过程中，高中学校要充分调动高中生的主动性、积极性和创造性，为他们提供能激发创造性和自主创新性的氛围。而要实现这一目标，高中生管理就必须是人性化管理，实施“以人为本”的管理模式。首先，要转变教育管理观念，树立科学的人才观。切不可用一种人才模式去苛求学生，限制学生个性的发展。学生管理工作者要有着眼于未来的宽广眼光和不拘一格育人的胆略。其次，是要着重提高教师的综合素质，强化管理者的人格魅力。

在新形势下，主观上学生群体已经逐渐不接受传统的高中生管理模

式，客观上高中教育管理所面临的形势也不能使这样一种模式维持下去。招生规模的扩大，个性培养和创新教育日益被高中学校所重视等，这些因素都要求高中生管理必须抓住“学生”这一根本，转变管理理念，提高教师的综合素质，强化管理者的人格魅力。进行人本化管理，其实是对教师尤其是学生管理者提出了更高的要求。以人为本，促进高中生管理和谐发展是时代的发展适应高中生全面发展和个性发展的必然要求。构建和谐社会和谐校园，现代学生的思想特点等使得以人为本的管理模式成为必然的选择。

三、构建“以人为本”的高中生管理模式

（一）重新认识和理解学生的本质

高中生的管理工作，不管是制订工作计划还是安排工作任务，或是选择管理的形式和内容，都离不开对学生的了解，离不开对学生遇到的问题的思考。我们知道，每一个单独存在的个体都有自己独一无二的具体的需求。当然，个体的不同需求并不是孤立于整体而存在的，个体和整体之间存在着必然的联系，二者相互影响、相互作用。在高中生管理的整体中，学生作为一个独立的个体，对于周围环境的感受，对于自己在学校的位置，对于高中生管理产生的效果都会产生影响。如果不重视对这些要素的认知和把握，高中生管理就会失去活力和存在的价值。所以学生的个体情况必须引起我们的重视，重新认识个人需求在管理中的重要性，认识到个人需求是不断发展变化的，只有这样高中生管理才可以明确目标，逐步改善，进而实现高效管理的期望。

（二）高中的管理方略要以学生为中心，鼓励学生开展自我管理

要将这一模式贯彻下去，学校必须做好充分的准备，具体要做到以下几点：首先，努力创作宽松、和谐的校园环境，营造学生自我管理的氛围。为学生提供优良的文化环境是高中学校的责任，也是实现学生自我管理的基础。对于在对学生产生深远影响的同时，学生也对其产生影

响的校园文化环境，高中学校必须引起足够的重视。学校的文化环境应该尽量宽松，使学生可以自由地成长。其次，对于现存的学生管理结构进行改革，创立学生自我管理制度。作为自我管理的主体，要求学生要充分发挥自身的创造性和责任感。成立专门的机构为学生自我管理的正常开展提供保障，并且保证学生自我管理形成制度化和常规化。

(三) 实现学生管理方式的不断创新

高中学校的学生管理方式科学合理，对于学生的发展和培养起着关键的作用。因此，高中的学生管理要注意以下几点：首先，重视教师的作用，关注其对于学生的潜在影响。在人本主义心理学看来，将道德的理念教育与实践相结合，将其融合在日常教学活动中，是最好的道德教育方式，有助于学生在不知不觉中完善自己的人格。其次，采用合理的教育方法和形式，使其与教学目标和内容相适应。结合高中生的心理特点和认知能力的特征，关注学生的真实生活体验，帮助他们完善自己的世界观、人生观和价值观，帮助他们学会思考和判断，使他们具备独立生存的能力。同时要发掘学生的优势和自身的管理能力，促使他们在自我管理中培养和提高自身的综合素质。

第二节　智慧管理理念的高中教育管理路径

大数据时代的到来，给众多领域都带来了巨大的发展机遇。聚焦信息时代高中教育管理，应主动变革管理模式。教育管理的变革能够促进教学事业快速发展，在数据驱动下，实现管理从“控制”向“指导性”发展，创新管理理念、管理模式以及管理方法。当前随着我国高中教育的不断发展，教育管理方面也提出了新的要求，要求持续推进优化教育管理模式，建立高中教育管理服务平台，实现教师信息动态化管理，确保学生信息的准确性。教育管理对于高中教学过程有着重要的影响，所以作为教育管理的实施者，在大数据时代，要破除藩篱、打破高中信息孤岛局面。

一、大数据时代背景下对高中教育管理的影响

大数据时代下对高中教育管理的影响主要从教育管理智能化、教育决策科学化和教学实施系统化三个方面展开论述。

（一）教育管理智能化

在大数据技术应用之前，对于学校高中生、教职工的信息输入依靠于人工记录完成，这就难免出现一些问题，尤其在档案管理中，人工在处理和整理上，会出现信息纰漏。大数据应用背景下，高中教育管理朝智能化方向发展，数据录入、信息筛查、信息管理等在大数据技术支持下完成，促使教育管理更加智能化，提升了信息管理的准确性。

（二）教育决策科学化

教育决策科学化是指在遵循教育规律的前提下，采用现代化手段和机制，在动态管理过程中选择恰当的教育行动方案。这说明教育决策科学化的重要内涵包括教育规律的遵循、动态管理的开展以及现代化手段。可见现代手段与技术是保证教育决策科学化的必要条件。因而，在大数据技术的应用下，教学决策更加科学化和民主化。

（三）教学实施系统化

高中教育管理的主要目的是培养学生。为了给学生提供一个良好的学习环境和学校氛围，在教学的实施过程中就需要注重系统化，需要针对学生学习的实际情况，构建一个高水平的教学实施系统，较好体现“立德树人”“一切为了学生”。

二、大数据背景下智慧管理理念的高中教育管理

（一）当前高中教育管理智慧化建设中存在的问题

当前高中智慧化管理的建设正处于“摸着石头过河”的阶段，还存在一些较为集中的、突出的问题。

1. 基础网络升级滞后

基于智慧理念的教育智慧化管理应该重视对教学硬件设备智慧化的

建设，如智慧教室、智慧实验室、数字化教学平台以及智慧化后勤管理等。智慧化管理需要高速、稳定、大容量的校园网络作为基础，但是在智慧校园的建设中，很多学校忽略了基础网络升级，无法支撑起智慧校园的正常运转。基于智慧理念的教育管理，所有信息应该是互联互通、无缝对接的，而校园的网络基础建设决定了智慧校园能否正常走下去。基础网络的建设与升级滞后是很多学校尤其是农村学校存在的通病，没有强大的网络便无法提供个性化的“泛在”服务，那么智慧校园的建设便难以推进。

2. 智慧化的物理环境不完善

智慧化的教育管理就是要实现师生之间、学生之间、人与设备之间、设备之间的实时“交互”，具体内容包括：教学过程全自动记录，为智慧教育和教育决策提供参考；实现师生之间、学生之间的深度互动，可以不受空间限制和时间限制，随时随地进行交流互动；运用智能AI、大数据等技术实现人与设备之间的交互。要想实现以上智慧化目标，需要坚实的物理环境基础，如强大的网络环境、全球定位系统、AI智能系统、安防监控系统等，但是就目前实践情况来看，绝大多数学校还未充分建立起能够支撑智慧校园建设的物理环境，实现智慧管理还需要学校投入更多的建设。

3. “云端”平台建设尚不完善

“云端”将是未来互联网世界的主力军，对于智慧校园的建设更是要实现“云端”管理。在“云端”的思想下，智慧课堂将会是最直接的体现，但是当前学校的现状智慧课堂建设却如“蜻蜓点水”一般，并未覆盖全体教师，并且智慧课堂的应用还处于起步阶段，老师和学生还需要一段时间的适应。另外，用以支撑学校进行“收、存、管、用”的云端平台建设尚不完善，需要的功能模块正处于雏形阶段，甚至考虑到后续的资金投入，有些学校的云端智慧系统的建设出现了“半途而废”的情况。虽有个别学校的云端智慧系统已经投入使用，但是鉴于老师缺乏信息技能，致使智慧课堂的利用效果不佳，智慧设备更是形同摆设。

4. 数据收集不全面

考虑到学生的“个性化”全面发展，需要收集大量的数据用以支撑老师进行教学策略的改变，制定个性化的教学方案。对收集上来的学生数据，通过大数据技术对其进行综合分析，为老师决策提供参考。要想分析出具有参考性的特征指标，就需要海量的基础数据，但是学校在学生的行为数据收集方面有一定的欠缺。由于学校数据的程度不同，他们对学生行为数据的收集持续性不佳。通常表现为学校需要用到哪些数据才开始收集，这就导致了数据收集始终是阶段性的，这种片面性的数据不足以形成可供参考的意见和建议。

5. 信息孤岛普遍存在

信息孤岛的问题在学校的智慧化建设中普遍存在，这是学校推行智慧管理的一个核心难题。大部分学校的智慧化建设是按照阶段性来推进的，有些信息化功能建设是按需独立建设的，这种情况便会导致孤岛架构，各应用之间自成体系，导致形成了设备孤岛、信息孤岛和应用孤岛。造成这种情况的发生，多数因为学校在进行智慧化建设时缺乏长远意识和全局意识，应用之间的数据无法形成高度的共享，数据对教育智慧化管理的推进效果不明显。在硬件投入方面，有些学校已经投入了大量资金，但是硬件的应用效率非常低，同时硬件难以管理也是学校面临的一个难题。

（二）加强高中学校智慧化管理的途径

1. 加强基础网络建设

智慧校园的建设硬件的投入和软件的研发固然是重要的，但是最为基础的内容是要建设网络基础。实现教育的智慧化管理，建设稳定的网络环境是其中非常重要的一环。智慧化的管理模式和学习环境是在优良的网络环境中实现的。网络作为最基础的部分必须优先进行升级，争取在全校内普及高速宽带，以满足智慧校园的建设对网络的需求。当前，学校应该做好长远的规划，随时实现对宽带的提速与扩容，确保在任何阶段都能够保证网络通畅。对于智慧校园的建设，网络就好比是前进的道路，高速畅通是最基础的要求，只有铺好了路才能畅通无阻前进。

2. 升级基础硬件设施

智慧化管理应该是通过大数据、AI、云计算以及互联网等信息技术实现信息高度共享，实现教育管理的自动化和系统化。首先，改善物理环境。通过物联网软硬件设备构建智慧型教室。这些设备可以准确地把握物理环境信息，如温度、湿度、音量、光线，通过自动调节这些信息让学生能够在更为舒适的环境中学习。其次，加强虚拟感知。通过大数据、AI等信息技术和学习分析技术对学生的学习行为进行分析，为学生匹配出最合适的学习方法、提供合适的学习资源、匹配恰当的学习任务等。

3. 推动云端一体化建设

传统的数字化校园最明显的问题在于普遍存在信息孤岛的情况，而智慧理念下的校园云端建设，可以实现全校内甚至是区域内的教育资源信息共享，这无疑为教育改革带来了新思路。智慧理念下的教育管理应该基于“云端”一体化来推进，学校现有的信息化系统的升级应该与云端深度融合，这样将会极大提升校园系统的服务水平。接入云端的信息系统，将支持多终端登录，可以极大地提升教育管理的智慧化，有助于教学与科研、教务与校务的深度融合，实现教育资源深度共享。从学生角度来看，学生可以通过自己的独立账号随时访问教育服务系统，这样可以打破课堂的空间限制和时间限制，真正促进泛在学习的实现。智慧理念的教育管理，必须致力于推动教育云端一体化建设，彻底打破信息壁垒，解决信息孤岛问题。

4. 建立融合开放的数据处理接口

智慧校园的建设必然涉及各种信息技术的应用，所以在多样化的技术应用下，我们必须建立统一的、融合的、开放的教育服务平台来接入各种各样的信息数据，通过标准接口为教育管理服务。基于智慧理念的教育管理，信息共享、融合开放、全面覆盖是对智慧校园建设的最核心的要求。智慧教育服务平台的建设要基于有效集成、统一规划的原则，利用智能技术对现有的教育信息系统进行升级，让所有信息与数据在统一、标准的接口中交互。在统一标准的服务基础上，不同结构的数据、不同类型的数据才能实现无障碍互通，海量数据才可以转化成为我们所需要的内容。

5. 转变教育管理理念

一方面，在智慧化理念下学校要尽快引导教师转变传统的教学理念，积极接受新鲜事物，而不是一味采用应试教育的教育方式。老师应该更加关注学生的个性化发展，在教学实践中逐渐适应智慧化模式。学校要加快对老师的培训，拓宽教师视角，使他们理解智慧管理理念。另一方面，在智慧化管理理念下，学校应该重视老师的发展，在新环境下老师不仅仅面临着教育理念、教育方式、教育模式的转变，还面临着全新角色的挑战。在教育智慧化背景下，平台将会赋予老师更多的发展机会、更多的学习机会，以及更多的交流机会，作为校方应该为老师提供更多的进修机会，使得他们能够快速适应智慧管理的模式。

6. 结合实际稳步推进

智慧校园的建设要想稳步推进，除了上述我们需要努力的方向之外，还需要有配套的制度建设，用以保证智慧化管理的有效实现。在基础建设方面，学校应该以学校的实际需求为导向，结合学校的实际情况来稳步推进。当学校在资金不允许的情况下，不要强行推动智慧化建设。智慧化建设并非一蹴而就，而是需要经过长时间的实践逐步形成的。学校要根据自己的文化特色，摆脱“标准化”建设的思维，始终坚持“需求＋发展”的原则，建设符合本校师生需求的智慧化校园，真正让师生从智慧校园的实践中体会到信息变革所带来的便捷。

第三节　高中教育管理中的激励理论

一、高中生激励教育的基本原则

高中生激励教育实施的原则是在激励教育过程中必须共同遵循的准

则，也是指导激励教育有效运行的保证。加强和改进高中生激励教育，需要在实施过程中明确以下几个原则：

（一）外部激励和内部激励相结合

激励教育中，包含内部激励与外部激励。所谓外部激励，即激励者从外部对被激励者施加的激励；内部激励就是确定自我奋斗目标以鼓励自己不断努力、尽快实现目标的活动，是一种高层次的激励。内部激励是发自内心的一种激励力量。内部激励更稳定、更持久、更有力，是一种主导性的激励。根据马克思主义内外因辩证关系原理，内因即事物的内部矛盾，外因即事物之间的矛盾。它们在事物发展过程中都是必不可少的，但两者的作用和地位不同。具体地说，内因是事物发展的根据，决定事物发展的方向，是推动事物发展的动力；外因是事物发展的外部条件，它能加速或延缓事物发展的进程。两者的辩证关系是外因必须通过内因起作用，内因对外因有选择性；外因对事物的发展有重大影响，有时能引起事物性质的变化。但不管外因的作用如何，都必须通过内因才能起作用。因此，可以说事物的发展是内因与外因共同作用的结果。外因是变化的条件，外因要通过内因起作用。

激励是由外界的刺激和内在的需要引起的，而外部的激励手段要通过激励对象的内因，即学生的认知、兴趣等因素而产生影响。如果外部激励被内部激励对象所内化和接受，则会成为有效激励，反之，则是无效激励。同样，外部激励是高中生激励教育的外在环境的刺激，是外部的推动力；内部激励是高中生激励教育的内部因素，是高中生激励教育的内驱力。高中生积极性、主动性和创造性的激发，有赖于外部激励和内部激励的共同作用，形成强大的合力。因此，高中生激励教育中，必须坚持外部激励和内部激励相结合，并以激发高中生的内部激励为主。

（二）物质激励和精神激励相结合

在激励教育中，处理好物质激励和精神激励的关系是整个激励教育的核心问题之一。物质激励是一种较为直接、有形的激励方式，它的效果比较明显，能有效激发受教育者的积极性，物质激励收效好的一个重要原因是，物质是可见的、较为实用的，能够满足受教育的物质需求。马克思主义认为，人有物质和精神的需要，人有对物质利益和精神利益的追求。物质需求是人的第一需求，重视人的物质利益，尤其是现实中个人的利益，及时满足人们的需要和利益是做好思想政治教育工作的第一基础，也是实现针对性、提高实效性的最基本条件。只有在一定的物质利益基础上考察人的思想，才能真正了解人们思想的内在，因此要适时地开展物质激励。而精神利益是人们从事思想、文化、娱乐等精神层面活动时所产生的利益。精神利益体现了人相对于动物的超越性，它是一切非物质性利益在人的精神需要中的体现，不仅包括人对人格、尊严、民主等的追求，还包括人的求知欲、情感、爱、信仰需要在现实中的反映。也正是这些精神需要和利益，才是思想政治教育产生和存在的精神性基础。故我们不应当忽略激励教育的目的是让受教育者思想上、精神上有所触动。

一方面，在社会主义市场经济条件下，人们对于物质有较高的需求，高中生仍处在成长阶段，绝大部分学生尚不能在经济上独立，作为消费者，适当的物质激励会使一些得到奖励的学生拥有成就感和自豪感，从而达到持久的激励效果，特别是对于一些生活上相对困难的高中生，能获得奖助学金对其提高学习和工作的积极性有显著的促进作用。另一方面，要防止简单的物化激励和忽视激励教育的精神价值，不能简单用物质奖励代替精神激励，也就是要在物质奖励的同时强化精神激励的引导性功能。物质生活水平越高，人们对精神的、思想的、政治的需求就愈加高级、愈加强烈。当代高中生担负着建设社会主义现代化国家的重任，更需要对其进行共产主义理想信念、爱国主义等的精神激励。在激励教育中，要兼顾高中生的物质利益与精神利益，发挥物质激励和精神激励的作用。

二、改进高中生激励教育的路径

激励教育受多种激励因素的影响，它是多元的、复杂的、综合性的，因此，在高中生激励教育的实践中，教育者要充分创设良好的激励环境，采用多种激励方式，善于综合各种激励因素，实施多维度、全方位、立体式的激励教育。

（一）利用主要渠道，加强信仰激励

1. 紧跟时代发展，充实信仰激励内涵

高中思想政治教育是培养青年马克思主义者的重要途径，担负着团结服务广大青年、凝聚青年共识的重要使命，新时代高中开展高中生激励教育，首先就要丰富激励教育的内涵，抛开功利主义倾向，要以马克思主义为指导。

要加强马克思主义信仰激励，开展以实现中国梦、践行社会主义核心价值观、发扬艰苦奋斗精神等为主题的教育实践活动，加强对青年马克思主义者的培育，让广大学生认同马克思主义，选择马克思主义；加快马克思主义大众化的推进，激励青年高中生用马克思主义的思想理论提升青年高中生的思想觉悟水平，把党的创新理论转化为他们的共识，把党的理想信念转化为他们的自觉追求，把党的智慧转化为他们的实践能力，实现马克思主义在青年高中生中的影响力、指导作用和信仰能够最大限度地发挥，增强马克思主义中国化在意识形态领域的指导地位。

2. 立足学生需求，激发学生学习兴趣

高中要将激励教育的方法和内容更好地融入思想政治理论课的教学过程之中，满足青年学生成长发展的需求和期待。

3. 借鉴现代技术，创新信仰激励载体

当代高中生生活在数字化的时代，互联网高速发展，信息瞬息万变，他们追求的是新奇、刺激的新鲜事物，他们是新时代网民。纵观世界文明发展史，人类先后经历了农业革命、工业革命、信息革命。每一次产业技术革命，都给人类生产生活带来了巨大而深刻的影响。现在，以互联网为代表的信息技术日新月异，引领了社会生产新变革，创造了人类生活新空间，拓展了国家治理新领域，极大地提高了人类认识水平，人类认识世界、改造世界的能力得到了极大提高。移动互联网时代

对高中生的认知方式、交往方式、实践方式产生了深刻的影响，“无人不网”“无处不网”“无时不网”，已经成为描摹高中生学习生活的主题词。对此，要运用新媒体新技术使思想政治工作活起来，推动思想政治工作传统优势同信息技术高度融合，增强时代感和吸引力。在这样的背景下，要增强激励教育的吸引力，高中教育工作者除了传统的课堂形式，还要找到高中生易于接受的活动载体，利用网络开放性、交互性、资源共享的特点，占领网络思想政治工作新阵地，发挥其激励功能。

（二）抓住关键因素，强化情感激励

人具有丰富复杂的情感世界，情感是推动一切社会实践活动的重要精神动力，它的一个重要功能是促使人向重要的目标迈进。情感因素对人的积极性和创造性有较大的影响，情感激励能够形成师生之间的良性互动关系，促进师生之间感情的交流和思想的碰撞。情感因素是高中生激励教育中的优势需求，是高中生激励教育中的关键因素。因此，教师要善于运用情感激励，满足高中生的情感需求，尊重学生，及时反馈，多运用正向激励，将情感激励的效果发挥到最大值。

教师在开展激励教育时，首先要建立师生间良好的关系。而要建立良好的关系，教师必须尊重学生，尊重高中生的感受，把他们满意与否、高兴与否、赞成与否的情绪反应作为及时调整激励教育内容和方法的重要依据。其次，教师要以正向激励为主。正向激励是激励者通过满足被激励者的某些需要而调动他们的积极性，从而使其努力实现预期目标的过程。当代高中生的自我意识较强，掌握的知识不断增多，专业技能不断增长，他们逐渐形成了自己的思维方式，喜欢独立思考，反感简单的说服教育，希望被肯定。高中生的这一特点要求我们要多肯定他们，让他们的自尊心得到满足，促使他们不断奋发向上。

（三）挖掘身边典型，拓展榜样激励

1. 体现榜样的生活化

与高中生朝夕相处的身边榜样更能够激发他们向上的决心，督促他们奋进，身边的榜样因其更容易被高中生所感知、所模仿，因而他们的

示范效应更加直接，激励效果相对更好。

2. 体现榜样的多样性

在选择激励榜样时，可以将时代精英作为榜样，大力宣传这些人物对人类发展、社会进步做出的卓越贡献，使其成为广大高中生学习的榜样，引导高中生正确认识个人价值和社会价值；但同时也必须注意榜样现实性、接近性，因为出现在身边或与自己生活状况类似的榜样更容易让学生信服并接受，进而发挥出榜样的巨大作用。高中所选择的榜样应该具备鲜明的个性、优秀的品德，所选择的榜样应该与大部分高中生的人生经历类似，或是高中生崇拜的人物，只有这样，才更容易被高中生所认同，进而引发模仿效应。因此高中可以通过优秀人物的先进事迹，引导其形成正确的“三观”。

（四）开展生涯辅导，善用目标激励

在人的多层次需要中，实现自我价值的目标需要是最高层次的需要。高中生作为一个素质较高、人格相对独立，世界观、人生观、价值观基本形成，可塑性又较大的特殊社会群体，如何对其优化管理、挖掘潜力、提高素质，向着社会发展所需要的目标健康成长，是摆在高中教育工作者面前的重要课题。目前社会多元文化的影响，带来了高中生价值观的多元化，因此，在日常的思想政治教育中，运用目标激励理论解决实际问题是必不可少的一项重要手段。

1. 科学制定目标

目标激励，也就是理想化为可实现的阶段性计划，它是理想实现的基础关键步骤。班主任或教师在指导学生制定目标时，要科学运用目标激励中目标难度适中、目标的明确性和可接受性的原则，使目标合理、可行，要指导学生制定分阶段的具体目标，分步实施。

2. 动态调整目标

具体来说，目标的设置可以分为短期目标、中期目标和长期目标。设置目标是为了增强学生的主动性，学生需要根据自己的实际情况和需求制订计划。在每学年、每学期开始之初，教师可以根据当时的教育教

学计划结合学生的实际情况，让学生自行设立自己的近期目标、中期目标和最终目标，并且制订达标的详细计划，使他们在学期起始就有一个明确的目标，并为之奋斗，这样设置“跳起来可以摘到桃子”的目标，能起到比较好的激励作用。一个个短期目标的实现，能使学生逐步树立信心，能激励其完成下一目标的积极性，从而促使学生不断进步。

（五）调整制度设计，完善奖励激励

行为主义理念下的奖励激励，是通过刺激形成反应，通过外部不断强化行为，使受教育者形成习惯性的条件反射，促使其产生预期的行为习惯。而自我决定理论指出，如果这些外在的影响能够促进内在动机，个体就会觉得工作或学习是件有价值有意义的事情，从而会更加努力工作。因此，在奖励激励中，教育工作者善于运用成就需要理论激发高中生的内在成就动机，调动高中生的积极性。

高中学校在设置制度时，要经常安排及时的成就反馈，使高中生了解自己的成功之所在，进一步激励他们对成就的愿望，同时对他们的成就予以激励，以对他们的行为起到正强化的作用；也可以提供取得成就的榜样，刺激人们取得成功的愿望和行为。

1. 推动奖励机制向多元化发展

传统的奖学金主要针对学习成绩设置，而对于其他方面考虑较少，随着高中生追求的多样化，高中生在文体竞赛活动、创新创业方面均有出色的表现，单一的以学习成绩为主的奖学金制度已经远远滞后于学生的需求。目前很多高中学校已经增加了奖学金的种类，尝试着引进更多的奖励激励内容。

2. 突出奖励激励的价值导向作用

目前国家已经出台了较为完善的高中生资助政策体系，以物质资助的形式解决困难高中生的求学问题。但是单纯的物质激励只能满足学生的一时需要，所以更要增强国家奖助学金的精神价值引导和辐射功能，引导经济困难学生树立感恩意识、社会责任意识，使贫困高中生得到思想上的升华。

因此，高中学校在给学生颁发奖学金的时候，要注意发挥其精神激励的作用，尤其是一些高成就动机的学生，他们更加关注奖学金所代表的荣誉，把获得奖学金作为自尊、他尊的条件和自我实现的标志。

参考文献

[1]曹冬林. 指向核心素养的普通高中生物课程教学设计[M]. 长春:吉林大学出版社,2022.

[2]韩福友,范洪卫,张秀东. 高中思想政治课程教学设计研究[M]. 沈阳:辽宁人民出版社,2022.

[3]赵宇,陶淑真. 微课在教学中的应用[M]. 合肥:中国科学技术大学出版社,2022.

[4]黄牧航. 高中新课程历史学科核心素养优秀教学设计[M]. 广州:广东高等教育出版社,2022.

[5]曹钧,栾莉,姜晓波. 普通高中综合实践活动课程教学实用策略[M]. 济南:山东大学出版社,2021.

[6]李艳梅,张军. 指向 STEM 课程领导力提升的项目式教学[M]. 济南:山东大学出版社,2021.

[7]庞桂香. 高中 STEM 课程创新设计[M]. 昆明:云南大学出版社,2021.

[8]沈炯靓. 基于核心素养的高中思想政治教学[M]. 重庆:西南师范大学出版社,2021.

[9]张红勋. 普通高中创新教育的理论与实践[M]. 北京:中国国际广播出版社,2021.

[10]庄卫军. 高中思政课培育学生政治认同核心素养研究[M]. 南京东南大学出版社,2021.

[11]魏义华. STR 课堂教学研究[M]. 武汉:湖北人民出版社,2021.

[12]白刚勋. 普通高中国家课程项目式教学组织实施研究[M]. 济南:山东科学技术出版社,2020.

[13]李晓天.新时代普通高中教育的思考与实践:以新课程、新高考、新教学转型深化高中育人方式改革的实践研究[M].长春:吉林出版集团股份有限公司,2020.
[14]刘锋.高中思想政治项目式教学实践研究[M].济南:山东科学技术出版社,2020.
[15]张学顺.高中英语新课程教学策略探索[M].广州:广东世界图书出版有限公司,2019.
[16]陈学峰.高中新课程教学指导用书优秀教学设计精编高中语文[M].长春:吉林文史出版社,2019.
[17]黄耿昭.微课程模式下高中数学教学研究[M].广州:广东高等教育出版社,2019.
[18]黄增寿.高中新旧课程标准教学要求比较·生物[M].上海:华东师范大学出版社,2019.
[19]顾建军,赵薇.新版课程标准解析与教学指导高中通用技术[M].北京:北京师范大学出版社,2019.
[20]缪水娟.新高考背景下的普通高中课程教学改革[M].北京:人民教育出版社,2019.
[21]傅海伦.数学课程与教学论[M].济南:济南出版社,2019.
[22]余新,李春艳.以学生为本的教学设计高中[M].北京:教育科学出版社,2019.
[23]李广耀.让教学成为一种研究[M].苏州:苏州大学出版社,2019.
[24]代钦,王光明,吴立宝.课程标准解析与教学指导高中数学新版[M].北京:北京师范大学出版社,2018.
[25]孙公刚.基于课程整合构建校本课程[M].沈阳:沈阳出版社,2018.
[26]张士民,李滔.课程与课堂的一体化建构[M].南京:东南大学出版社,2018.
[27]崔海友.新时代中外课程融合模式研究[M].广州:华南理工大学出版社,2018.

[28]贺立路.教学设计与案例——信息技术与学科课程整合优秀成果[M].沈阳:沈阳出版社,2018.
[29]杨波.信息技术教学与创新[M].广州:广东人民出版社,2018.